青春期男孩身心成长指南

送给青春期男孩的身体、心理成长枕边书

北京大学医学学士、医学心理学硕士，性心理、性教育专家 白璐 著

中国妇女出版社

图书在版编目（CIP）数据

青春期男孩身心成长指南 / 白璐著. -- 北京 : 中国妇女出版社，2024.5(2025.6重印)
ISBN 978-7-5127-2382-5

Ⅰ.①青… Ⅱ.①白… Ⅲ.①男性－青春期－健康教育－指南 Ⅳ.①G479-62

中国国家版本馆CIP数据核字（2024）第073463号

责任编辑：王海峰
封面设计：末末美书
责任印制：李志国

出版发行：中国妇女出版社
地　　址：北京市东城区史家胡同甲24号　　邮政编码：100010
电　　话：（010）65133160（发行部）　　65133161（邮购）
网　　址：www.womenbooks.cn
邮　　箱：zgfncbs@womenbooks.cn
法律顾问：北京市道可特律师事务所
经　　销：各地新华书店
印　　刷：北京通州皇家印刷厂

开　　本：145mm×210mm　1/32
印　　张：7.125
字　　数：100千字
版　　次：2024年5月第1版　　2025年6月第3次印刷
定　　价：49.80元

如有印装错误，请与发行部联系

序 言

写给青春期男孩的悄悄话

打开这本书的你，也许已经步入青春期，也许还没有，但你一定希望或者有必要提前了解一下自己正在经历或即将经历什么。也许，你是出于好奇想看看这本书。也许，你的父母觉得你有必要读一下这本书，于是将它放在了你的书桌上。无论如何，我都很开心——你能够打开这本书。这样，我才有机会和你谈一谈青春期的孩子都会经历的那些事情。我很愿意把我目前了解的知识分享给你。

这本书也许不能解决你所有的问题，但会让你对自己、对自己正在经历或即将经历的青春期有更多的了解。比如，读完这本书，你会知道你为什么越来越关注以前从未关注过的事情，你为什么越来越在意你的朋友、同学，你为什么会和长辈发生越来越多的争执，你为什么常常觉得自己的情绪很难控制，等等。当你了解了这些，我相信，你会有更大的智慧找到最适合自己的方法来解决自己遇到的各种问题！

青春期的到来到底意味着什么？我和许多与你同龄的人讨论过这个问题，他们中的很多人告诉我："青春期意味着叛逆、麻烦，我不喜欢青春期。"但我想告诉你的是，所谓的"叛逆""麻烦"，只不过是我们在不了解青春期的前提下给它贴的标签，并不是它本来的面貌。你如果问我青春期意味着什么，那我会告诉你，青春期是每个人一生中都会经历的且不可复刻的最美好的阶段。从这个阶段开始，你对所经历的一切都将产生更多的思考、更多的感悟，开始拥有意义非凡的朋友，开始感受轰轰烈烈的爱在心里激荡，开始变得自信、成熟，开始慢慢获得对于自己人生的掌控权，开始思考未来想要过怎样的生活……

当然，在这个过程中你也将遇到很多挑战和困境。一切来得太快，无论是你的家长、老师、同学，还是你自己，也许都没有做好准备迎接发生在你身上的巨大变化。你对于自己身上到底发生了什么充满困惑。你觉得自己似乎能看懂同学的样子，却没办法读懂自己。我希望这本书能够帮你了解自己，了解自己正在经历或即将经历的青春期。

在这本书中，你将了解你在青春期会出现怎样的生理、心理变化，在自我发展和人际关系方面你可能面临的挑战及可能的解决方式，如何理解和接纳自己的性感受并用合适的方式去体验它，如何避免各种风险以保护自己，等等。

最后，我祝愿你拥有属于自己的精彩青春期。对于这本书，我希望它能够成为你的朋友，我相信它能给你提供最温暖的支持！

目 录

第一章

青春期男孩身体变化及卫生保健

第二章

青春期男孩心理变化及应对措施

第三章 青春期的性别表达与社会压力

第四章 青春期爱的感受和关系的建立

第五章
青春期关于性的感受和合理应对

第六章
青春期性安全与自我保护指南

第一章

青春期男孩身体变化
及卫生保健

什么是青春期

青春期是人体生长发育第二高峰期，是指由儿童逐渐发育为成年人的过渡期。通俗来讲，青春期指的是人体第二性征开始发育后身体出现明显变化的阶段。调查数据显示，女孩进入青春期的平均年龄是 10 岁或 11 岁，男孩一般晚 1 年半到 2 年，进入青春期的平均年龄大概是 12 岁或 13 岁。这就是你在小学高年级阶段发现很多女生比你高的原因。

那青春期什么时候结束呢？一般是 18 周岁。到了 18 周岁，你就是法定的成年人了。当然，这时你的身体发育并没有完全结束。比如，你的大脑到你 25 岁左右甚至更晚才能发育成熟。

在青春期，我们的身体变化最大、最快的阶段往往是前 4 年。在这 4 年，你会发现自己的身高、体重长得特别快，你的声音会发生很大的变化，你会慢慢长出胡须，你的生殖器官也会进一步发育。当你首次遗精之后，一切似乎又都变慢了。对于男孩来讲，遗精是一个重要的信号。遗精的出现证明你的身体已经发育得差不多了。此后，你的身体还会继续发育，只是发育速度会明显变慢。上面所说的快速发育的前 4 年，我们从专业的角度把它称为青春发育期或青春早期。

所以，千万不要认为自己遗精了才说明自己进入了青春期。实际上，你经历首次遗精的时候，说明你进入青春期大概 4 年时间了。你可以通过一些信号来确定自己是否进入青春期，相关内容我在后面关于青春期身体、心理变化的章节会详细阐释。

看到这里，你可能会有这样的困惑：一个男孩到了 12 岁或 13 岁还没有进入青春期，是不是不正常？或者，相较别人更早或更晚进入青春期，是不是有问题？等等。

其实，我在这里讲的年龄节点都是统计学上的平均数字，具体而言，个体之间存在明显的差异。早一些或晚一些进入青春期，一般没有什么问题，因为什么时候进入青春期本就不是由年龄决定的，而是很多因素共同作用的结果。比如，如果你的父母进入青春期的时间相对较早，你通常也会较早进入青春期。另外，你的饮食、锻炼习惯，你所生活的环境，都可能对你进入青春期的时间产生或多或少的影响。其中，最具决定意义的因素是身高、体重的发育情况。身高、体重发育更快的人往往会更早进入青春期，所以如果你比大多数同龄人高一些、重一些，那你很有可能比他们更早进入青春期。

目前，在世界范围内，青春期开始的时间普遍提前，这可能是因为现在的物质条件越来越好。现在的孩子更容易长高、长胖，所以可能提前进入青春期。

那么，一个人的身高、体重是如何引发青春期发育的呢？大脑起了非常重要的作用。当你的身高、体重发育到一定程度，大脑会作出判断：我的身体已经成长到可以进入青春发育期的水平了！然后，大脑皮层就会向脑垂体发出信号，指挥男、女生殖腺（睾丸或卵巢）生产并分泌性激素。

性激素的大量分泌会引发第二性征的发育，并且会进一步促进大脑的发育和心理、情绪的变化。这方面的内容，我在后面会详细讲解。

我特别想强调的一点是，青春期是我们每个人都会经历的时期，不要因为自己早或晚于大多数人进入青春期而自卑或觉得自己不正常，也不要因为有些人较早或较晚进入青春期而嘲笑他们。平等地看待每个人身体发育上的差异，是非常重要的。

如果你真的觉得自己进入青春期太早，或因为第二性征迟迟没有出现而感到担心，可以和家长聊一聊，甚至可以让家长带你去正规的公立医院进行检查。的确有非常少的一部分人会出现发育上的问题。发育上的问题一般都是由一些疾病引起的。比如，长在脑部的肿瘤会刺激大脑过早发出指示信号从而让性腺过早分泌性激素，性腺肿瘤会导致激素分泌问题，生殖器官本身存在异常，等等。当然，这些都是比较罕见的，而且这些情况我们通常都能观察到。

如果你想做相关检查，一定要请家长带你去正规的公立医院，因为一些非正规的医疗机构可能发生误诊，甚至发生过度诊疗。在公立医院，一般可以避免这样的情况。

男孩青春期会出现哪些身体变化

在了解男孩青春期的生理变化之前，我们有必要先了解一下男性的生殖系统。

男性生殖系统包括外生殖器官和内生殖器官两部分。

男性外生殖器官主要包括阴茎和阴囊。

男性内生殖器官主要包括睾丸、附睾、输精管、射精管、精囊腺、前列腺、尿道球腺等。

男性内、外生殖器官的作用分别是什么呢？

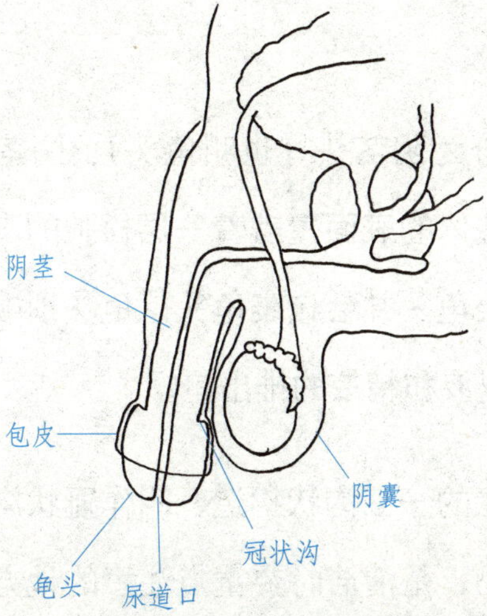

男性外生殖器结构图

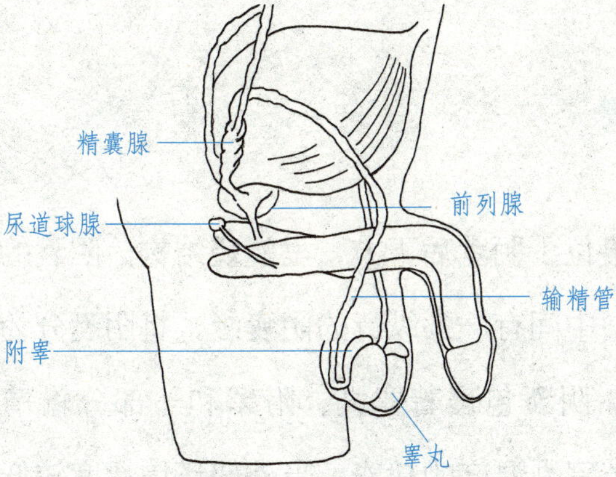

男性内生殖器结构图

阴茎

阴茎可分为阴茎头（也叫龟头）、阴茎体和阴茎根三部分。阴茎体的表面覆盖着一层松弛的皮肤，这层皮肤一直延伸至龟头并会包裹龟头。龟头顶端的开口叫尿道口，它是尿液和精液的排出口。

龟头下缘的一圈沟状构造，叫作冠状沟。冠状沟容易残留分泌物，是清洁时要重点注意的地方。阴茎体主要由海绵体组成。当海绵体由于充血增大时，阴茎会增粗、变硬，此种现象被称为勃起。

阴囊

阴囊位于阴茎后下方，呈囊袋结构。阴囊的皮肤颜色较深，中间有一条纵行的阴囊缝，将阴囊分为左、右两部分。阴囊包裹着睾丸、附睾和一部分输精管。阴囊有调节睾丸温度的功能。当外部环境温度较低时，阴囊会收缩，从而让睾丸靠近身体，保持一定的温度。当外部环境温度较高时，阴囊会舒张，从而使睾丸远离身体，以降低睾丸的温度。

睾丸

睾丸呈卵圆形，左右各一，处于阴囊中，进入青春期后会分泌性激素、产生精子。

附睾

附睾左右各一，分别位于两侧睾丸上端。精子离开睾丸后会进入附睾，在附睾中慢慢发育成熟。

输精管

输精管连接着附睾，其主要作用是运送成熟的精子到精囊腺。

射精管

射精管可以说是输精管的末端，长约 2 厘米，其主要作用是促使精液排出体外。

精囊腺

精囊腺左右各一，位于膀胱的后方。精囊腺会分泌一种淡黄色黏稠状液体，这种液体是精液的主要成分之一。

前列腺

前列腺是男性生殖系统的附属腺，位于膀胱与尿生殖膈之间，包绕尿道根部。其形状和大小均似稍扁的栗子，上端宽大，下端尖细。

尿道球腺

尿道球腺位于尿道球后上方，呈豌豆样。它分泌的液体和各种酶，具有促进精子活力的作用。

到了青春期，你会发现自己或身边的男生在身体层面发生明显的变化。这便是第二性征的发育，具体的表现主要包括：

1. 肌肉增加。

2. 肩膀变宽。

3. 长出喉结。

4. 开始变声。

5. 阴茎变长、变粗。

6. 阴囊皮肤变薄、起皱，颜色变深。

7. 慢慢长出胡须。

8. 慢慢长出腋毛、阴毛、腿毛。

随着第二性征的慢慢出现，青春期的男孩会出现首次遗精，并且此后会反复出现遗精的现象。

与此同时，男孩的内生殖器官会进一步发育，具体包括：

1. 睾丸快速生长，离腹部更远。

2. 其他内生殖器官逐渐发育成熟。

另外，在青春期，男孩的身体机能会全面提升，具体包括：

1. 身高快速增长。

2. 体重明显增加。

3. 心脏心肌变厚，供血能力增强。

4. 肺部进一步发育，肺活量明显增加。

5. 运动能力明显提高。

6. 大脑快速发育，学习、认知、记忆等能力显著增强。

遗精及卫生保健

什么是遗精

遗精是指男性在无性行为或自慰的情况下发生的精液通过阴茎射出体外的生理现象。

初次遗精指的是男孩第一次遗精，大概发生在男孩进入青春期 3 年半或 4 年后，一般发生在 12 ~ 18 岁，大多发生在 14 ~ 16 岁。初次遗精意味着男孩已经基本达到性成熟。

下面，我们具体了解一下这个过程是如何发生的。

男孩进入青春期后，在激素的作用下，睾丸开始产生精子。之后，精子会进入附睾并在这里慢慢成熟。

精子是精液的主要成分。此外，精液还包括前列腺、精囊腺、尿道球腺等分泌的液体。

精液在体内积存过多，在没有性行为或自慰的情况下，会通过阴茎上的尿道口排出体外，这种现象被称为遗精。

很多时候，遗精是在睡梦中发生的，因此此种情况又被称为梦遗。

遗精是非常正常的现象。有性行为和自慰行为的成年男性由于在这两种行为中都有精液排出，所以遗精的情况相对较少。

和女孩开始来月经一样，男孩开始遗精意味着具有了生殖能力。也就是说，这时男孩如果与已经来月经的女孩发生无保护性行为，女孩有可能怀孕。

什么是精子

精子的体积很小，我们通过显微镜才能看到。精子的形状很像小蝌蚪。精子产生于睾丸，之后会进入附睾慢慢发育成熟。

精液由精子和精浆组成。精浆的主要成分是水，另外它含有少量蛋白质、果糖、无机盐等。

男性每次射出体外的精液一般为 2 ～ 6 毫升。

刚射出的精液多为灰白色，也可能是淡黄色、淡灰色，呈黏稠状。经过一段时间后，精液会变成半透明的液体，这个过程叫作精液液化。

与月经不同的是，遗精并没有周期性，或者说没有一定的规律。每个人遗精的时间、次数和频率都可能不同，所以不要因为偶尔发生的遗精现象而背负巨大的压力。

遗精之后如何做好卫生保健工作

遗精的发生没有规律可言，它很多时候发生在夜间睡梦中，所以我们无法提前采取防护性卫生措施。一旦在晨起时或任何时候发现自己遗精了，一定要做好清洁工作。如果任由精液存留在阴茎和内裤上，不但会导致异味和不适，还有可能引发感染。

在清洗被精液弄脏的内裤、床单时，不要用热水。精液中含有少量蛋白质。蛋白质遇热之后会变性，用热水很难清洗。用冷水加肥皂反而更容易清洗掉残留的精液。洗干净内裤后，要将其挂在阳光下晾晒。

另外，遗精后要马上清洗生殖器官，尤其是阴茎，避免精液残留。即使没有遗精，在日常生活中也要做好生殖器官的清洁工作。进入青春期后，由于分泌物增多，定时的清洁工作是非常重要的，最好一天清洗一次。

那么，在清洗阴茎时需要注意什么呢？我们一起来看一下。

原则一：清洗外生殖器官时要用温水、流水

清洗外生殖器官时尽量不要盆浴，否则可能导致肛门部位的细菌跑到尿道口周围，继而通过尿道口进入体内引发感染。所以在清洗的时候，要尽量选择淋浴。同时，要注意清洗顺序，先清洗阴茎、阴囊，后清洗肛门及周围。

原则二：尽量不使用肥皂、沐浴露等清洗外生殖器官

用温水和流水完全能够将外生殖器官清洗干净，没有必要用其他清洁用品。如果想使用清洁用品，尽量避开龟头部位，因为用清洁用品清洗龟头部位容易引发不适。当然，如果你使用清洁用品后没有发生任何不适，也没有问题。

原则三：注意清洗力度

阴茎、阴囊相对比较脆弱，如果用力抓、挠，容易使其受伤，影响身体健康。所以在清洗的时候，一定要注意清洗的力度，用手指肚轻轻揉搓即可。

原则四：要十分注意包皮的清洗

包皮包裹龟头处及冠状沟最容易藏污纳垢。在清洗时，一定要将包皮轻轻翻开，露出龟头，然后将整个龟头清洗干净，尤其要将龟头下部的冠状沟清洗干净。

如果不注意龟头及冠状沟的卫生，有可能引发感染。当包皮和龟头粘在一块时，甚至可能引起炎症，导致疼痛。

原则五：要保证外生殖器官的干燥

日常生活中，我们一定要保证外生殖器官的干燥，每次洗完后要擦干（最好准备一条专用毛巾）或者晾干，然后换上清洁、干燥的内裤。换下的内裤，要及时清洗，并且要及时晾晒。最好在阳光下晾晒内裤，阳光有很好的除菌、杀菌作用。

阴茎的勃起与射精

男孩进入青春发育期后，阴茎和睾丸开始慢慢发育，阴茎经常出现明显的勃起现象。

阴茎勃起是指阴茎变硬、变长的生理现象。一般来讲，男性从出生开始，终其一生都会有阴茎勃起的现象。在青春期，男孩的阴茎勃起现象可能非常频繁。当男孩产生性感受时，阴茎可能勃起。男孩受到惊吓、有压力、情绪波动的时候，阴茎可能勃起。与裤子等产生摩擦时，阴茎也可能勃起。有时，阴茎还会出现没有任何原因的自主勃起。这些都是正常现象。

一般来讲，勃起是射精的必要条件。也就是说，无论是遗精，还是基于自慰、性行为的射精，都发生在阴茎勃起的情况下，但是勃起并不意味着一定会出现遗精或射精。很多时候，阴茎勃起后会自主消退。

不要因为阴茎的频繁勃起而担忧

你有过这样的尴尬吗？在上课或者自由活动的时候，突然发现自己的阴茎勃起了。这时，你很怕别人发现，担心别人认为你产生了“不好的想法”。事实上，你确实没有想任何和性有关的事情。

其实，就像我在前面提到的一样，造成阴茎勃起的因素有很多。很多时候，阴茎的勃起和性是没有关系的。在青春期，由于性激素的大量分泌，你很有可能在没有任何主观意愿的情况下出现阴茎的自主勃起。你可能因此产生很大的压力，羞于面对阴茎的勃起。其实，你完全没有必要背负这样的压力。

你要记住，阴茎勃起是男性身上常见的生理现象，很多时候并不是你想让它勃起的。另外，阴茎勃起之后，并不是你想让它消退它就能消退的。你只要接纳这个现象，不过多去关注，它自然就会慢慢消退。

当然，阴茎勃起如果被他人发现的确很尴尬，你可以想一些办法避免这样的尴尬。比如，不穿过紧的裤子，避免裤子紧、摩擦多导致阴茎频繁勃起。再比如，可以穿能遮住裆部的衣服，这样阴茎勃起时就不容易被人发现。

遗精和射精的区别

一般而言，遗精是指在个体无主观意愿和自主意识的情况下，精液自动从阴茎射出体外的过程。

射精通常是指个体通过自主的性刺激，比如性行为或自慰行为，导致精液从阴茎射出体外的过程。

什么情况下需要做包皮环切手术

你可能听说过割包皮或者包皮环切术。包皮环切术是一种将男性的包皮割掉一部分的手术。那么，为什么要做这种手术呢？你需要做这种手术吗？我们来看一下。

其实，大多数包皮手术都是在男性儿童时期完成的，这是因为包皮手术主要是为了解决包茎的问题。所谓包茎，指的是包皮口过小，包皮紧紧地裹着阴茎头，无法翻上去，不能使龟头外露。包茎会影响包皮垢的清洗，可能在发生包皮龟头炎时导致粘连，甚至有可能限制阴茎发育。包茎的情况一般在六七岁时即可发现，并且需要尽早通过手术处理，否则可能影响阴茎的发育。

进入青春期后，虽然很多男孩会发现自己的包皮比较长或者比较紧，但是若能够轻松地翻开包皮、露出龟头，就不需要做手术，只需在清洁时将包皮翻开仔细清洗干净即可。

阴茎与睾丸的保护

阴茎和睾丸（外部是阴囊）位于体外，且非常柔软，因此容易受伤。在日常生活中，一定要保护好阴茎和睾丸。比如，在玩耍的时候，千万不可以故意踢、打男孩的裆部；进行体育活动的时候，要保护好自己的阴茎和睾丸；等等。

如果看过足球比赛，你可能会发现，在罚任意球的时候，处于防守位的球员往往会用手护住裆部，这就是体育活动中非常重要的自我保护。如果阴茎或睾丸受到伤害，男性很可能因此失去生育能力，所以一定要注意防护。

如果你看到身边的男生喜欢玩“撞大树”的游戏，即几个男生把一个男生抬起来并用其两腿之间去撞大树，一定要马上制止，因为这很可能使其外生殖器官遭受伤害。

为了保证睾丸正常工作，阴囊会给睾丸提供适宜的温度环境。正常情况下，人的体温是37℃左右，而睾丸内部温度低于正常体温1℃～2℃，精子才能正常存活，精子的活力才能达到正常标准。

阴囊是怎样调节内部温度的

你仔细观察一下，就会发现阴囊表皮有很多皱褶，这里隐藏着阴囊调节睾丸温度的秘密。

当男性裆部温度过高时，阴囊就会下垂，将皱褶舒展开进行散热；当男性裆部温度过低时，阴囊就会紧缩，以维持睾丸的温度。比如：洗热水澡的时候，由于水温高，阴囊会明显下垂，睾丸也会随之下垂；在游泳的时候，若水温比较低，阴囊就会收缩，你可能都摸不到睾丸；等等。

鉴于睾丸健康对温度的要求如此严格，我们一般不建议男孩穿太紧的内裤、外裤，尤其不建议穿过紧的牛仔裤，一定要给阴囊留下一定的散热空间。

同时，千万注意不要用脏手或其他物品碰触生殖器官，尤其不要用硬的、尖锐的物品碰触生殖器官。

在日常生活中，如果感觉外生殖器官有任何不适，比如痒、疼等，或发现外生殖器官形态有任何改变，比如变红、变肿等，要及时告诉家长。如有必要，应在家长带领下到医院进行检查，以确定是否需要进一步治疗。

青春期男孩卫生保健怎么做

长青春痘了怎么办

青春痘又叫痤疮，在青春期孩子身上非常常见。在青春期，激素的大量分泌会刺激皮脂腺产生更多的皮脂，由此可造成皮肤毛孔堵塞，以致皮脂不能正常排出，从而引起毛囊皮脂腺发炎，导致痤疮。这是青春痘大致的生理原因。

青春痘可能会给我们带来很多困扰，因为它多长在面部，会影响外貌。千万不要用手抠或挤青春痘，否则容易引发感染，导致疤痕形成。一般情况下，过了青春期，青春痘就会慢慢消退。青春痘如果形成疤痕，则会一直存在，影响我们的容貌。

另外，我们的面部有一个危险三角区，也就是鼻翼两侧到嘴两侧的三角形区域。这个区域的青春痘如果抠破更加危险。这个三角区有丰富的血管，并且它们直接通向大脑。这里一旦发生感染，可能通过血管引发颅内感染，从而造成脑膜炎等严重的疾病，甚至可能危及生命。

那么，有没有办法避免或减少青春痘的产生呢？

其实，造成皮肤毛孔堵塞的主要原因是油脂分泌过多，这一方面和激素的大量分泌有关，另一方面和皮肤的清洁以及水油平衡情况有关。也就是说，皮肤越清洁，皮肤保湿工作做得越好，毛孔堵塞的情况就越少。所以，保持皮肤的清洁是很重要的。平时可以选择中性洗面奶清洗面部，然后用温水进行冲洗。一天清洗1～2次即可，过度清洗不利于皮肤保湿。清洗后，可用温和、中性的乳液进行保湿。

另外，睡眠和饮食的情况也会影响皮肤油脂的分泌。比如，经常熬夜或常吃油腻、刺激性、非常甜的食物，很容易导致青春痘的发生或加重青春痘的发展。

如果青春痘的情况很严重，可以在家长的带领下去正规医院的皮肤科寻求专业医生的帮助。

如何做好青春期的身体清洁工作

在青春期，机体代谢能力非常强，最好每天清洗身体，尤其要注意清洗生殖器官和体毛。

关于生殖器官的清洗，我在前面已经讲过。

除此之外，我们还要注意体毛的清洗。进入青春期后，男生会慢慢长出体毛，腋下、阴部以及四肢都会长出体毛。当然，不同个体体毛的多少是有差异的，这和遗传有关。体毛可以吸附细菌和分泌物，对皮肤有保护作用。正因如此，在清洗身体时要将体毛吸附的细菌和分泌物用水清洗掉，这一方面有利于身体健康，另一方面能避免出现体味。

变声与声带保护

在青春期，你会慢慢长出喉结，你会经历变声的过程，你的声音会从幼稚的童音变成低沉且有一定磁性的男声。

在变声的过程中，一旦损伤声带，就有可能导致声音嘶哑，甚至有可能导致永久性声音嘶哑，所以请一定做好自我保护。

在变声期，尽量不大声喊，不扯着嗓子唱歌，不吃过多辛辣、刺激的食物，觉得嗓子不舒服的时候要及时休息、多喝水。

青春期男孩如何选择内裤

对于内裤的选择，要以可保证阴部清洁、卫生、透气为主。棉质、透气的内裤通常不易滋生细菌，穿起来也更加舒适。如果你现在穿的内裤让你很不舒服，一定要及时告诉家长。

男式内裤种类很多，常见的有三角内裤、紧身平角内裤、四角内裤、囊袋内裤等。你可以根据自己的喜好和舒适度选择适合自己的内裤。

另外，在运动或天气炎热导致出汗较多时，要及时更换内裤，因为潮湿的环境容易滋生细菌，造成感染。

要懂得悦纳自己的身体

你喜欢自己的样子吗

进入青春期的你是不是比以前更爱照镜子了？你会不会担心自己的身材不好、样子不好看、眼睛不够大、鼻梁不够挺？为了让自己看起来更帅气，你曾经尝试过什么样的方法呢？

其实，进入青春期之后，很多人都非常关注自己的外在形象，这是一件好事。良好的自我形象一方面可以提升自信，另一方面可以给他人留下一个好的印象。

那么，你有没有想过，美的标准到底是什么呢？

长期以来，很多人认为，男孩就应该高大、健壮。但是，现在社会对于美的定义越来越多元。比如，有人认为男性应该有古铜色的皮肤，有人认为男性应该有健美的身材，有人认为瘦削的身材也是一种美……其实，美并没有一定的标准。

在现实生活中，我们常常更关注自己所谓的“缺点”。比如，如果你皮肤很白，也许你会羡慕有古铜色皮肤的人；如果你很瘦，你会认为自己不够强壮；如果你身材健美，你可能会担心自己太胖；如果你眼睛很大，你可能会觉得小眼睛更有魅力……

这种现象叫作身体焦虑。所谓身体焦虑，指的是我们常常会不由自主地担心自己的身材、长相不够好，担心自己不被人喜欢。其实，身体焦虑更多的是一种心理感受，和我们实际的身材、长相没有相关性。实际上，可能在你看来非常帅气的男生也存在严重的身体焦虑，总觉得自己这也不好、那也不好；而在你看来长相平平的男生可能充满自信，从不为自己的外貌、身材烦恼。

所以，是否会陷入身体焦虑，主要取决于我们自己！没有人的容貌和身材是绝对好的。每个人都有自己独特的美，重点在于我们是否悦纳自己。试想一下：一个男生在你看来长相一般，还有点儿胖，但脸上总是洋溢着自信的笑容，和你交谈时也落落大方；而另一个在你看来很帅气的男生，不管做什么事总是畏畏缩缩，眼神里充满闪躲，和你沟通时总是支支吾吾、不敢说话。那么，你更喜欢和他们中的哪个交朋友呢？

显然，更受欢迎的是前者。的确，人和人交往的时候，好的外貌更容易给人留下一个好的第一印象，但在长期的交往中我们会发现，一个人的性格特点，也就是内在的部分更容易吸引别人。也就是说，他人对我们的评价和印象的好与坏取决于我们的内在美。

当然，这并不意味着你不需要注重外在美！通过穿衣打扮让自己的形象看起来更美、更健康，是非常好的，只不过千万不要纠结于无法改变的身体特征，否则你会痛苦不堪！

青春期的身体发育会让你担忧吗

有时，青春期的身体发育可能会让你倍感担忧。比如，你发育得早，看起来比身边的男生都高一些、胖一些，这可能会让你觉得自己很特殊。再比如，身边的男生都开始发育了，你还瘦瘦小小的，你可能会感觉自己不正常。

其实，我在前面讲了，早一些或晚一些进入青春期都是正常的。当你和身边的人不一样的时候，你难免担心或者有不舒服的感觉，这很正常。和你有一样经历的男孩也可能有这样的担忧。

这时，你该怎么办呢？

如果你发育得比较早，你可以做一个科普小达人，帮助身边的男孩了解一下身体发育的秘密，告诉他们未来也会经历这些。他们对于相关知识了解得更多，就更容易平常地面对你。由此，你甚至可能成为让他们羡慕的小老师呢！

如果你因此心情不好或有情绪波动，可以找自己信任的朋友、长辈倾诉，说出自己内心的苦闷会让你感觉好很多。你还可以通过平时能让你心情愉悦的娱乐活动来调节自己的心情。

如果有人因为你的身体特征嘲笑你，一定是对方的错。如果可以，请勇敢地用语言反击，告诉对方这么做是不对的。如果你觉得自己处理不了，一定要向你信任的人求助，帮助自己摆脱困境。

如果你发育得比较晚，担心自己的身体有问题，可以求助父母，必要时可以在父母的带领下前往正规医院进行检查，医生的诊断会让你放下担心。如果你因为还没有发育、身材瘦小而遭遇排挤或欺凌，一定要及时向父母、老师或好朋友求助。

如果你身边有发育比较早或比较晚的同学，请一定不要歧视或者用言语调侃对方，否则会让对方很受伤。友善地与他人相处，无论是对对方，还是对你自己，都是非常有好处的。

如果你想改变自己的身材，一定要通过科学的运动和饮食方式来进行，千万不要盲目节食减肥，或者吃减肥药，否则会对你的健康造成严重损害。比如，过度节食会导致骨质疏松、胃肠道疾病、营养不良等，而盲目吃减肥药则可能招致很多不可预料的结果。

如果你想增高，千万不要相信市场上鱼目混珠的所谓增高产品。这些产品被商家吹捧得神乎其神，但实际效果可能很差。它们不仅很难帮你增高，而且还会带来很多副作用。科学的增高秘诀是，适当的体育锻炼和科学的饮食方式。青少年身高的增长与是否经常参加体育运动有一定的关系，运动能有效促进身体发育，增强体质。

可以经常参加跑步、跳绳、游泳、篮球等运动，这些运动均有助于身高增长。当然，还要注意营养均衡。日常生活中，要注意科学饮食，切忌挑食、偏食，这样才有利于身高增长。

同时，生长激素的分泌高峰一般出现于深睡眠中，因此想长高必须保证充足的睡眠。

不要为自己生殖器官的形态而担忧

阴茎的大小与形态

进入青春期后，很多男孩十分关注自己的阴茎，尤其是其大小和形态。比如，有的男孩担心自己的阴茎太短，有的男孩担心自己的阴茎太细，等等。

其实，男性阴茎的大小及形态存在明显的个体差异。阴茎并不是越长或者越粗越好，阴茎的大小和形态并没有特定的标准。有调查研究发现，一般来讲，勃起的阴茎大小及形态并没有太大的差异。

对于正常男性阴茎的大小，我国多名学者曾做过数以千计的调查，但不同学者的测量结果存在较大的差别。这除了受地区、环境等因素的影响，主要是因为疲软状态下同一个人的阴茎长度也不恒定。另外，这和测量方法也有关系。但可以肯定的是，不宜以阴茎的长短来判断阴茎是否正常。阴茎在非勃起时的大小与勃起后的大小并无直接关系。不论疲软状态下大小如何，阴茎勃起时的大小差异甚小。也就是说，在疲软状态下个体阴茎大小的差异，在勃起时就变得不那么明显了。因此，不必为自己阴茎的大小与别人不同而忧心忡忡。

其实，阴茎在疲软状态下大小也不恒定。比如，在个体紧张、疲乏时，以及天气寒冷时，阴茎会相对缩短。而对于同一个人来说，已经发育完全的阴茎，充分勃起后大小是恒定的。因此，通常是以勃起后的长度来衡量阴茎的大小。更常见的情况是，疲软时较小的阴茎勃起倍数可能较大，而疲软时较大的阴茎勃起倍数可能较小。现实生活中，人们往往只关注阴茎在疲软状态下的大小差别，却不了解这种差别在勃起状态下会消失或大大缩小。

临床上确实有阴茎畸形的病例，但这种情况极为罕见。真正的阴茎畸形不仅表现为阴茎短小，比如患者十七八岁时阴茎仍没有发育，而且伴有睾丸及第二性征的不发育。所以，只要你的阴茎在青春期发育了，你就不必有这种担心。

除了担心阴茎的大小，很多男孩还会担心自己的阴茎长得不好看。比如，有的男孩发现自己的阴茎是弯的，尤其在勃起之后，因此十分担心。

其实，大多数阴茎弯曲都是正常的生理性弯曲，很多健康、正常男性的阴茎在勃起时都有轻微向两边或向上、向下弯曲的情况。那么，什么样的弯曲有可能是病理性弯曲呢？一般情况下，如果阴茎勃起后弯曲的角度大于 30 度，建议去医院咨询和就诊，但这并不说明一定有问题。医生会通过各种检查来确定是否需要治疗。

即使需要治疗，也不要过于担心，各种问题造成的阴茎病理性弯曲在临床上已经有比较成熟的治疗方法。

睾丸的形态

你若仔细观察一下就会发现，在站立的情况下，你一侧的睾丸比另一侧低，这正常吗？

其实，这是正常现象。通常，男性两侧的睾丸都是一侧高、一侧低，大小也会有些不对称。正常的睾丸摸起来像一个光滑的、坚实的蛋。一般情况下，触摸睾丸不会有疼痛的感觉；反之，应立刻去医院就诊。

男孩胸部的发育

到了青春期，不仅女孩的胸部会发育，男孩的胸部也会有变化。在青春期，你可能经常会感觉到乳头胀胀的。慢慢地，你可能会发现胸部比以前大了。有些男孩的胸部可能会变得非常柔软。有时，你可能会感觉胸部有轻微的疼痛感，而且一边的胸部可能会比另一边大。

尽管这些都很正常，但许多男孩仍然会觉得很尴尬。不过，随着青春期的结束，这种状况也会结束。如果你在18～19岁之后还有这种情况，应该及时咨询医生是否需要治疗。

尽管胸部增大一般来讲是正常现象，不过有时的确会带来一些尴尬，必要的时候可以利用合适的着装来避免尴尬。

你是不是也想了解女孩是怎样发育的

了解自己在青春期会经历怎样的变化后，你是不是也想知道女孩在青春期会经历什么？下面，我们一起来了解一下吧！

女性的生殖系统可分为内生殖器官、外生殖器官及相关组织。

女性外生殖器官，又称外阴，包括阴阜、大阴唇、小阴唇、阴蒂、尿道口、阴道口、阴道瓣（一般可理解为处女膜）等。

女性内生殖器官包括阴道、子宫颈、子宫、输卵管、卵巢等。

女性内、外生殖器官的作用分别是什么呢？我们详细了解一下。

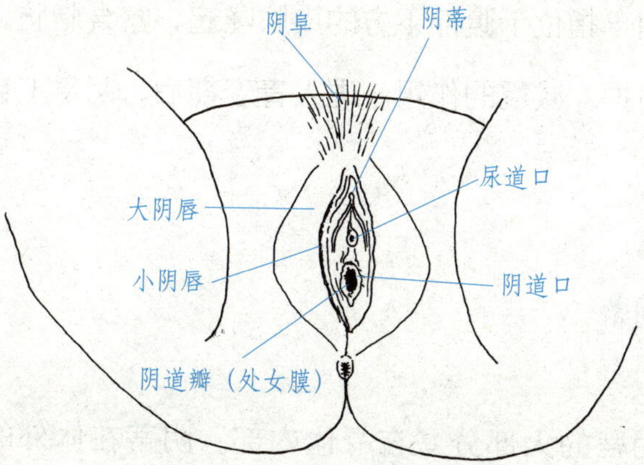

女性外生殖器结构图

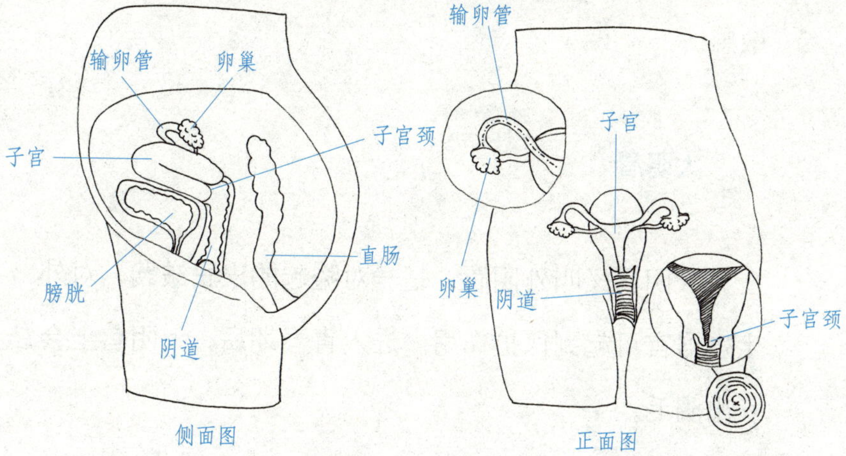

女性内生殖器结构图

阴阜

阴阜指位于腹部下方的皮肤隆起，富含脂肪，可以起到防护、减震的作用。进入青春期后，阴阜上会长出阴毛。

阴蒂

阴蒂的大部分藏在身体内部。阴蒂在体外的部分大小看起来如豌豆一般。阴蒂富含神经，对性刺激非常敏感。

大阴唇

大阴唇又叫外阴唇，是一对隆起的皮肤皱襞，对外生殖器官可起到保护作用。进入青春期后，大阴唇上会长出阴毛。

小阴唇

小阴唇又叫内阴唇，是位于大阴唇内侧的一对皮肤皱襞，它的主要作用是保护尿道口和阴道口。一般来讲，小阴唇左右两侧并不对称，并且没有特定的形状。

尿道口

尿道口位于阴蒂下方，用于排出尿液，容易滋生细菌而发生感染。

阴道口

阴道口位于尿道口下方，是阴道通向体外的出口，具有排出月经和娩出胎儿的功能。

阴道瓣

阴道瓣通常被称为处女膜，位于阴道口，是一层比较薄的黏膜皱襞。它其实并不是一层膜，而是阴道口的一层有孔黏膜组织，通常呈花瓣状或发带状。在大多数情况下，它并不会因为外物的进入而破损出血。

子宫颈

子宫颈位于子宫下部，长 3 厘米左右，上端与子宫体相连，下端深入阴道。

子宫

子宫是胎儿生长和产生月经的地方。它位于腹部下方，很像一个由强壮的肌肉构成的口袋，形似一个倒置的鸭梨。子宫内壁的子宫内膜，对于胚胎的着床和月经的形成有重要意义。

卵巢

卵巢位于子宫的两侧，呈卵圆形。它的主要作用是产生、排出卵细胞和分泌激素——雌激素和孕激素。雌激素会让身体在青春期发生变化，促使乳房和生殖器官发育成熟。在雌激素和孕激素的共同作用下，子宫内膜会在月经期和怀孕期间变厚。

输卵管

输卵管是分布在子宫两侧的一对细长的管状结构。输卵管可将卵巢排出的卵子运输到子宫腔。输卵管也是卵子受精的场所。

阴道

阴道是连接子宫和外界的通道，是女性的性交器官，也是精子进入女性体内、胎儿娩出和经血排出的通道。阴道是由黏膜、肌层和外膜组成的肌性通道。黏膜组织会产生黏液，以保持阴道的润滑并防止感染。

和男孩一样，女孩在进入青春期后也会有4年左右的快速发育期。在这4年中，女孩会有诸多变化，主要变化有身高和体重迅速增长，身体脂肪含量有所增加，看上去越来越丰满，内、外生殖器官进一步成熟，第二性征陆续出现，如乳头慢慢变大、乳房越来越丰满、慢慢长出腋毛和阴毛、臀部慢慢变大（因为骨盆在慢慢增宽）等。大多数女孩在12～13岁时会出现月经初潮。和男孩出现首次遗精类似，女孩出现月经初潮，证明其基本上进入了性成熟阶段，发育速度会明显减慢（但还会持续发育）。

女孩在胚胎时期（即在妈妈肚子里的时候），其两侧卵巢中就存在很多不成熟的卵子（卵泡）。进入青春期，女孩体内开始大量分泌性激素，一般情况下每个月都会排出1个卵子。卵巢排出的卵子会沿着输卵管向子宫腔运动。在这个过程中，卵子如果遇到精子，就可能形成受精卵，进而孕育一个宝宝。

在卵子发育、成熟和运动的过程中，子宫一直在做相关准备工作，以为可能到来的宝宝提供一个好的成长环境，比如子宫内膜会增厚。如果卵子在向子宫腔运动的过程中没有遇到精子，说明这次排卵不会导致小宝宝诞生。这时，子宫内准备好的环境就不需要了，增厚的子宫内膜就会萎缩、脱落，继而和死去的卵子以及血管破裂流出的血液一同经阴道排出体外。这就是月经产生的生理原因。

月经具有周期性，平均每个月 1 次。来月经时，女孩要使用卫生巾来吸附经血，避免影响日常生活或弄脏衣物。

很多女孩在月经期会出现痛经、疲劳等情况，因此需要好好休息，避免剧烈运动，这就是有些女孩在月经期上体育课时会请假的原因。

来月经后，意味着女孩有孕育生命的能力了。也就是说，女孩这时如果进行无保护的性行为，就有可能怀孕。

第二章

青春期男孩心理变化及应对措施

青春期在心理、情绪层面意味着什么

想到青春期的时候，你一般会想到什么呢？我问过很多你的同龄人，他们中大多数人会给出一些比较负面的词语，比如麻烦、问题、叛逆、压力等。你也认为青春期是一个充满麻烦和问题的人生阶段吗？

其实，青春期是一个非常美好的时期，是我们从孩子慢慢发育为成人的时期。在这个阶段，我们将慢慢拥有很多能力，我们的大脑在快速发育。各种能力的发展以及心理、情绪层面的变化让我们慢慢成熟的同时，也会给我们带来很多挑战。

如果能更多地了解青春期可能发生在自己身上的变

化，能更好地接受这些变化并找到应对方式，你就不会惧怕任何挑战。

接下来，我们一起来了解一下青春期可能发生在你身上的心理、情绪变化。

如何应对青春期的情绪波动

小雨的心事

15 岁的小雨最近觉得自己不太正常，因为他总是莫名其妙地生气。比如，他以前经常和好朋友玩这样一个恶作剧——突然跑到对方身后拍一下对方的肩膀，但最近当好朋友和他这样玩的时候，他有时非常生气，甚至会吼对方。小雨很担心这会影响自己和朋友的关系，甚至怀疑自己有心理问题。

你觉得小雨有心理问题吗？

其实，这是青春期很常见的心理变化，也是青春期的情绪波动。

在进入青春期之后，你可能会感觉到自己的情绪状态和以前相比很不一样。你可能时不时感觉到很郁闷、烦躁，也可能突然间变得十分生气，甚至会与人起冲突。有时你甚至会把自己关在房间里，不想和任何人说话。有时你可能莫名其妙地就会变得很伤感。

由此，你可能会怀疑自己有情绪或心理问题，因为你不知道自己这些情绪到底是从哪里来的。

其实，进入青春期后，你的情绪因体内激素水平的波动时常会发生相应的变化。我在前面讲过，进入青春期后，你体内会大量分泌性激素，而性激素的分泌并不是平稳的，而是时刻在变化。激素水平的波动在一定程度上会引发生理性的情绪波动。

你也许听说过，很多女性在月经期会出现烦躁、易怒的情况，这实际上也是月经期激素水平变化引发的。

机体激素水平在青春期的变化十分明显，所以很容易导致看上去莫名其妙的情绪变化。

因此，当你发现自己的情绪发生变化时，不要担心自己有问题，也不要责备自己，因为青春期的情绪问题很多时候是我们的主观意识控制不了的。

你要明白，如果没办法用恰当的方式处理自己的负面情绪，很容易引发一系列问题。

如果你总是没来由地和他人起冲突，就可能破坏你的人际关系。如果你一直压抑自己的负面情绪，又可能让自己非常难受，甚至引发一系列情绪、心理问题，比如抑郁、焦虑等。所以，学会接纳自己的负面情绪，并且用积极、恰当的方式处理自己的负面情绪是非常重要的。

下面，我介绍几个非常实用的处理负面情绪的方法。当然，你可能会找到更多对自己有效的方法。

找到适合自己的应对负面情绪的方法

当你心情不好的时候，做什么会让自己开心一些呢？运动、听音乐、看电影、读书、写日记、和朋友聊天、上网、画画……也许都可以！

在生活中，我们每个人可能都有适合自己的可让自己心情变好的方法。并且，很多方法是因人而异的。比如，你的好朋友喜欢通过运动化解负面情绪，但运动对你来说可能完全无效。所以，重要的是，你需要通过自己的尝试找到真正对自己有效的方法。你可以把你尝试过的方法总结一下，真正找到适合自己的应对负面情绪的方法。你有了应对负面情绪的方法，自然就不会再担心负面情绪来袭了。

当然，以下两点值得注意。

第一，不要只用一种方法化解自己的负面情绪，尤其是某种方法的持续使用可能产生某些问题的时候。比如，有人会通过吃东西缓解负面情绪，长此以往可能影响身体健康。比如，有人习惯通过打游戏缓解负面情绪，如果一有负面情绪就逃避到游戏世界，可能会让你越来越害怕真实世界的生活。所以，多种方法的结合，并且尽量选择对自己身心健康有益的方法是非常重要的。

第二，当负面情绪特别多的时候，也许之前有效的方法会突然失效。这时，不要质疑这些方法，也不要责备自己。对于所有人来说，负面情绪积累到一定程度，都很难自己解决。这种情况下，一定要尽快求助家长或自己信任的人，比如学校的心理老师、班主任，与自己聊得来的长辈等。必要时可请家长带着你去找心理咨询师寻求专业帮助。

给自己时间、空间缓解负面情绪

你是不是也曾尝试过压抑自己的负面情绪？你是不

是也想好好和家长或朋友沟通，但总感觉找不到合适的时机？

其实，我们出现负面情绪时，想要控制好情绪和别人好好交流是一件非常难的事情，哪怕对成年人来说也是如此。所以，不要刻意压抑自己的负面情绪，而是要给自己时间和空间处理自己的负面情绪，然后再和别人沟通。

举个例子，你可以告诉妈妈：“妈妈，对不起，现在我感觉自己有些激动。你给我 10 分钟时间，我先平静一下，我们再继续谈。”之后，你可以到自己的房间用对自己有效的方式处理一下负面情绪，比如，先从 1 数到 10，再从 10 数到 1，或者听一首歌排解一下。等到冷静下来，你再去处理相关事务，才会取得更好的结果。

让身边的人了解你情绪波动的原因

我们通常很担心自己的情绪波动会破坏人际关系，如果我们能让别人懂得我们正在经历什么，可能会降低这种风险。通过阅读这本书，你应该可以明白在青春期自己情绪容易波动的原因，但你身边的人有可能不知道这一点，他们可能会觉得你在无理取闹。

所以，将你学到的知识讲给身边的人是很重要的。你要让你的家长、亲戚、朋友知道，你并不想伤害他们，但有些时候你真的很难控制自己。你可以提前和对方约定，你感受到情绪波动时，会通过一些言语或其他信号暗示对方。这样，对方就会主动给你留出时间和空间，让你处理自己的负面情绪。这种方法是非常有效的。

另外，让对方看到你在努力处理负面情绪也是很重要的。如果你一味让对方理解你，完全不想办法缓解自己的负面情绪，会让对方觉得你不真诚甚至在逃避。这也会破坏你的人际关系。

遇到以下这些情况，要马上求助

如果你发现自己的情绪问题越来越严重，比如：长时间处在悲伤、痛苦或焦虑中，觉得生活中的一切都毫无意义；开始尝试用伤害自己身体的方式缓解负面情绪，甚至考虑过或已经尝试过自杀；出现了失眠、多梦、食欲减退或无法控制的暴饮暴食等问题；经常在睡觉前哭泣；等等。出现这些情况，一定要向专业的心理咨询师求助。

当然，你还未成年，还没有能力独自求助咨询师或心理医生，但你可以告诉家长你需要专业帮助。你也可以求助学校的心理老师。

如何应对青春期的同伴压力

小晴的心事

正在上初一的小晴最近非常郁闷，因为他最好的朋友小云转学走了。再也没有人和小晴一起上学、回家了，再也没有人在做小组活动时愿和小晴坚定地组队了。同时，小晴觉得自己很失败，他近几年来朋友越来越少，最好的朋友只有小云一个。

实际上，同班的男孩小鹿这几天向小晴投来了友谊的橄榄枝，但是他要求小晴必须像他一样玩某一款网络游戏。

小晴不知道自己该不该同意。

进入青春期之后，你会发现自己非常渴望友谊，非常渴望获得同龄人的认可。这种现象源于青春期一个重要的心理特点，那就是群体归属感。当你有自己的好朋友、自己的交际圈子时，你会更开心、更自信。相反，如果在友谊和人际关系方面遭遇挫折，你非常容易产生自我质疑，甚至自卑的感受。

其实，这和我们的自我评价体系有关。小时候，我们自我评价的基础往往来自家长和老师。当被家长和老师赞扬时，我们会感觉自己是有价值的，但如果被批评，我们可能就会觉得自己不够好。随着年龄的增长，进入青春期后，我们的自我评价往往更多地会受同龄人影响。比如，你开始在意同学如何评价你，同龄人是否喜欢你，是否能够交到足够多的好朋友，在班级的投票中获得了多少票，等等。基于这些评价，你会判断自己是不是一个有价值的人。

处在青春期的你有这种感受是很正常的，这是我们的成长规律决定的。那么，如何面对朋友和同伴压力呢？以下几点是我们需要明白或者好好考虑一下的。

进入青春期，朋友变少是必然的

为什么这么说呢？随着我们的成长，我们对于朋友、友谊的认识越来越深刻。试想一下，在幼儿园和小学低年级的时候，你认为什么样的人可以做你的朋友呢？你通过回忆可能会发现，那时候的友谊很简单，能在一起玩的小伙伴都可以成为好朋友。

进入青春期之后，我们选择朋友时十分慎重。我们更倾向选择那些与我们有共同语言、有共同爱好、能够彼此支持和陪伴、三观合得来的人做朋友。这样，我们的朋友自然会减少。

所以，不要把朋友的数量当作衡量自己是否有价值的标准，重要的是你能否和朋友很好地交流，你和朋友是否都很享受这段友谊。为了避免遭遇类似的困境，你可以多交一些朋友。

当然，在日常生活中，如果能和同学和谐相处，你将会获得更多人的认可，由此你对自己也更加认可。

自我评价应该更加全面

如果能坐下来仔细想一想，你会发现，对于一个人的评价，绝不能仅仅看他的人际关系如何。我们时常陷入当局者迷的境地，忘了要更客观地评价自己。

也许你并不是一个擅长人际交往的人，但你一定也有自己的优点。比如，你有很强的学习能力，你有爱心且常常帮助他人，你面对困境时很坚忍并且很快能找到应对办法，你擅长绘画，等等。

虽然我们要明确自己的弱点并努力改进，但看到自己的优点也同样重要。每个人都是独特的、有价值的、有个人魅力的个体，千万不要因为一个弱点或一次挫折而完全否定自己。

学会应对同伴压力

小晴在十分孤独时收到了小鹿抛来的友谊的橄榄枝，但小鹿同时也对他提出了要求，小晴该怎么办呢？

其实，小晴所面临的困境就是我们通常所说的“同伴压力”。你在人际交往中是否也遇到过同伴压力呢？

同伴压力是指因为渴望被同伴接纳、认可，避免被同伴排挤，而选择按照同伴制定的规则思考或行动时所产生的一种心理压力。当我们希望和别人保持良好的关系时，我们是否要做出一些妥协，甚至做一些本不喜欢的事情呢？比如，你的一些朋友都喜欢某个明星，但你并不喜欢这个明星，那么你会因为害怕失去这些朋友而喜欢这个明星吗？

面对同伴压力时，并没有绝对好或坏的选择，你需要根据具体情境和自己的情况作判断。当感受到同伴压力时，你可以坐下来好好想一想，你拒绝同伴压力对你有哪些好处和风险，你顺从同伴压力对你又有哪些好处和风险。而且，哪些好处对你而言是特别重要的，哪些风险是你无法承担的，你也要考虑清楚。

面对小鹿递来的友谊的橄榄枝，小晴选择和对方沟通，他真诚地向对方表达："我很想和你做朋友，但是我不喜欢玩网络游戏。如果是这样，你还愿意和我做朋友吗？"

小晴之所以有这样的选择，是因为他考虑到玩网络游戏这件事是自己无法做到的，而且他非常担心对方并不是真的想和他做朋友。所以他选择这样的方式表达自己的感受，他也想通过对方的回应来判断是否要和对方做朋友。

而另一个男孩小安在面对同样的情况时常常做出完全不同的选择。小安在班级里是一个人缘很好的男孩，大家都喜欢向他倾诉自己的心事，因为他能包容各种声音，是一个很好的倾听者。然而，小安也有自己的困扰，他其实常常觉得有些同学说的话是不对的、有问题的，甚至是他十分厌恶的。他很想把自己内心的感受说出来，但又怕破坏自己的人际关系。

后来，小安在父母的带领下去做心理咨询。在咨询师的帮助下，他认真分析了说出自己的感受和隐瞒自己的感受的利弊分别是什么。最终他决定保持沉默，因为他认为对于现阶段的他来说，保持好的人际关系非常重要。更重要的是，他找到了合适的处理不能表达内心真实感受所导致的负面情绪的方法。

谁的选择更好？也许你会有自己的答案。其实，没有绝对好或绝对坏的选择，你只要做出对自己最有利的决定就好了。当然，如果你选择顺从同伴压力，你要像小安一样找到应对困境的办法，否则你可能因此遭遇一些麻烦甚至伤害。

最后，我想强调一点，如果同伴压力已经造成欺凌或压迫，那你要做的不是妥协，而是反抗。没有任何人应该被欺负，也没有任何人可以欺负别人，这是人际交往的底线和原则。

发展独立思考和做决定的能力

小琪的心事

14 岁的小琪最近十分困惑，因为他和妈妈的关系越来越差。小琪以前很喜欢和妈妈一起玩，有心事也愿意讲给妈妈听，但他最近发现，妈妈完全不理解他。他想要一个人在屋里待一会儿的时候，妈妈经常进来打扰他。他讲起自己喜欢的动漫或者明星时，妈妈经常打断他，告诉他要把精力放在学习上。

总之，小琪和妈妈经常因为对一件事情的看法不同而闹得不欢而散。

你是否也有类似的经历和感受呢？你是否也发现进入青春期以后和家长的关系变得越来越紧张呢？这是为什么呢？

其实，这和我们正处于青春期这一特殊时期有关。我在前面讲过，青春期是一个很重要的过渡时期。在这个时期，我们将从儿童慢慢长成成年人。如果想要成为一个可以在社会上独立生活的成年人，我们必须拥有独立思考的能力，必须学会独立做决定和解决困难。我们的这些能力必须在青春期打下良好的基础。

我们的主要照顾者——家长，在我们整个儿童时期和我们的相处形成了一种固有模式，那就是他们要保护我们、照顾我们、帮助我们。这样的保护、照顾、帮助在儿童时期对我们来讲是非常重要的。然而，当我们进入青春期，当我们有了独立思考和做决定的需求时，家长很有可能还没有准备好作出相应的改变，仍然十分担心我们做错误的决定。

你若能静下来想一想，我相信你能够理解家长的担忧。当然，和家长的冲突会让你非常不舒服，那你应该怎么办呢?

下面几个小建议供你参考。

一、向家长表达你对他的理解

能够理解对方并且表达出来，是和谐沟通的重要前提，和家长的沟通也是如此。当家长感觉到你理解他的感受和想法，而不是单纯反对他的教导，你们之间的沟通将十分顺畅。

你可以在沟通中表达对于家长担忧的理解。如果你能举出一两个具体的例子向家长展示你看到了他们的担忧和关心，效果会更好。比如:“妈妈，我知道你提醒我要把注意力放在学习上是为我好，这一点我非常明白。”

二、帮助家长了解青春期孩子的特点

在表达了对于家长的理解后，接下来要做的就是帮助家长了解你在经历什么。

在日常生活中，很多家长觉得青春期孩子的问题都是孩子自身导致的，因为孩子太叛逆、太不懂事，而孩子则认为正是因为家长不理解自己、总批评自己，自己才变得十分叛逆。

实际上，家长和孩子在共同面对青春期所带来的挑战。也就是说，在青春期带来的所有挑战面前，家长和孩子是一个战壕里的战友。

所以，及时把你在这本书里学到的及你体会到的青春期带来的变化和挑战传达给家长，是非常重要的。只有彼此了解，你们才能成为战友，而不是敌人。

三、和家长进行有效沟通

家长最大的担忧往往是怕我们做错决定，我们最不能接受的是家长直接替我们做决定。我认为，通过合理的沟通，家长能够理解学会做决定于我们而言是很有好处的，而我们也能理解，家长的很多建议和经验是值得我们借鉴的。实际上，我们只是不希望家长直接干涉我们做决定。这一点，你一定要直接告诉家长。

所以，最好的解决办法是和家长协商。在做重要决定时，我们可以和家长讨论不同的选择和决定会带来怎样的利弊。一方面，我们要提出自己的想法；另一方面，我们要允许家长提出他们的建议。我们自己进行思考的时候其实很难做到全方位思考，而家长的某些视角的确是我们很难考虑到的。

在沟通的过程中，我们和家长可以约法三章，比如要认真倾听每个人的表达、不能打断、不要评判等，以保证沟通顺利进行。

四、向家长展示你的能力

我在前面讲过，家长最大的担心是怕我们做错决定。如果在成长的过程中，我们能不断向家长展示我们的能力，让家长意识到我们有能力对自己负责、面对每个重要事件都能审慎地做决定、不做情绪化的决定、能够充分分析利弊、能承担自己所做决定带来的后果等，我们就一定能获得家长的信任，得到家长更多的支持。

看到这里，你应该已经明白，青春期的情绪和心理变化并不可怕。只要能科学应对青春期，并能通过与他人有效沟通、互动来获得理解和支持，我们就可以平稳度过青春期，并且能成长为一个有能力、有自信的人！

第三章

青春期的性别表达与社会压力

不可忽视的社会性别

你知道性别指的是什么吗？除了男孩、女孩这样的性别划分之外，性别还包含其他内容吗？

其实，我们通常所讲的性别基本包含三个概念，分别是生理性别、心理性别和社会性别。

生理性别就是男女之别，你在很小的时候就可以明确自己的生理性别。长着男性生殖器官的人就是生理性别意义上的男性，长着女性生殖器官的人就是生理性别意义上的女性。除非后天用手术手段去干预，否则一个人的生理性别是不会改变的。

心理性别指的是一种主观感受，也就是我们感觉自己是男性还是女性。对于绝大多数人来说，心理性别和生理性别是一致的。也就是说，生理性别是女性的人，内心感觉自己也是一个女性；反之亦然。

的确也有极少数人的心理性别和生理性别是不一致的。也就是说，生理性别是女性的人，有可能在内心里深深感觉自己是一个男性。

如果这种现象恰巧出现在你身上，不要觉得自己不正常，这的确是一部分人可能存在的感受。因为和大多数人不一样，你可能会感觉到困惑，或者背负重重压力，可以尝试找专业的心理咨询师或性咨询师进行咨询，借助专业的力量帮助自己。

社会性别指的是我们所处的社会环境、文化环境，对我们（作为一个男性或女性）的期待和要求。比如，你可能从小常听到家长说："你作为一个男孩子，要……"比如，老师在学校里会要求男孩、女孩做符合自己性别特征的事情。比如，你可能看到媒体对于男性、女性有不同的期待。这都是社会对性别的期待所导致的。

下面，我重点谈谈社会性别对我们的影响。

你的社会性别是怎样的

你有没有想过，你的社会性别特点中哪些是与生俱来的，哪些是后天形成的？其实，这真的很难判断。不过，下面这个练习可以帮到你！

你可以自己做这个练习，也可以和好朋友一起做。

具体步骤如下。

第一步：将你能想到的所有男性特征、女性特征分别填入下表相应位置。你一定能想到很多男性特征或女性特征，比如阴茎、月经、遗精、乳房、聪明、温柔、细腻、强壮、英俊、帅气、阳刚、体贴、贤淑、妩媚、坚强等。

男性特征	社会性别特征	女性特征

第二步：将左右两列中所有的男性特征或女性特征保留，把其他的特征移到中间一列。有些特征是非常好判断的，比如阴茎、遗精等一定是男性特征，而月经、阴道等一定是女性特征。但有一些特征很难判断，这时你可以想一想，这些特征是不是男性或女性独有的。比如，强壮大多时候用来形容男性，但是你可能也见过强壮的女性，那这个特征就要放到中间一列。比如，温柔大多时候用来形容女性，但是也可以用来形容男性，那这个特征也要放到中间一列。

然后，请看一看中间这列的所有特征。这些特征其实都是后天形成的，或者说是先天作用和后天影响共同导致的。也就是说，这些就是社会性别特征，或者说是我们性别特征中具有社会属性的部分。

这些社会性别特征，不是男性或女性专有的，而是我们可以有意识地培养的。所有你觉得好的特征，你都可以通过努力去获得。

为自己的社会性别发展做规划

既然我们在社会性别发展上有自主权，那么我们就可以为自己的社会性别发展做规划。在你小的时候，你的社会性别发展会受家长、老师、环境的影响。随着你慢慢长大，你对自己的社会性别发展将有更多自主权。

你可以通过以下练习来为自己的社会性别发展做规划。

想象一下，如果你从小生活在一个在性别层面对你有诸多要求的环境，那么这个环境会对你产生怎样的影响呢？

你可以回想一下自己从小到大接受的所有关于性别的教育，并将它们写出来。比如，你也许记得家长曾经告诉过你：“你作为一个男孩，应该学会保护别人。”比如，你也许记得你上小学的时候，老师不止一次向你强调过男孩要有责任感，要有担当精神。比如，你经常被告知，男孩长大后要赚钱养家。每个人的家庭和生活环境不同，从小接受的关于性别的教育肯定也不同，只要写出真实的情况就可以了。

然后，请你分析一下这些教育对你的影响，哪些给你带来了好处，哪些曾让你陷入困境，哪些既给你带来了好处又给你带来了麻烦。

最后，请记住，你有主动权，你自己可以决定哪些你要保留、哪些你要改变。并且，你可以好好考虑一下，你想通过哪些努力来达成怎样的改变。

正如上面所言，我们可以对自己的社会性别发展进行规划。

在家庭生活中，我们的社会性别发展常常受家人的性别观念影响。以下 8 个问题可以帮你反思自己的社会性别特征，从而有助于你追求自己想要达成的社会性别特征。请你从“男性”“女性”“男女共同”这三个选项中选择一项回答这 8 个问题。

1. 你家的家务活一般是谁做？

2. 你认为家里的家务活应该由谁做？

3. 你家有人生病了，一般谁负责照顾病人？

4. 你认为家里有人生病了，谁应该负责照顾病人？

5. 你家谁负责赚钱养家？

6. 你认为在一个家庭中谁应该负责赚钱养家?

7. 你家大的决策谁来做?比如买房、买车、搬家等。

8. 你认为一个家庭的大的决策应该由谁来做?比如买房、买车、搬家等。

你应该已经发现了，这 8 道题所关注的情况基本可以分为两类，一是你家的现实情况，二是你所期待的情况。想一想，你为什么会有这样的期待?如果你的期待和现状不同，你会做些什么呢?

其实，无论在家庭里还是在社会上，一件事情应由谁来做，不应由性别决定。换句话说，没有绝对适合男性或者适合女性的事情，只有适合或不适合某个人的事情。比如，有的人适合当老师，有的人适合做领导，等等。而这些人既有可能是男性，也有可能是女性。

所以，如果你对于自己的未来有一定的期待，或者已经有较为清晰的人生目标，你可以先分析一下你若想达成特定的目标需要具备哪些特质，然后就可以朝着具体的目标努力。无论你是男孩还是女孩，你都可以实现自己的人生目标和梦想。

同时，无论性别如何，有一些特质若是我们公认的好的特质，我们都可以去追求，比如有担当、能够共情他人、善良、可给人安全感、有爱心等。这些都是我们应该具备的品质。

如何应对性别表达可能带来的社会、心理压力

随着慢慢长大，我们对于自己的社会性别发展越来越有决定权，但我们所处的环境仍然有可能带给我们一定的压力。

所谓性别表达，就是我们选择特定的社会性别表达模式生活在我们身处的社会和环境中。

当我们选择的性别表达模式和我们所处环境既定的性别表达模式有出入时，我们就有可能遭遇压力，甚至歧视。

我们来看看小旭的遭遇。

小旭的遭遇

小旭是一个非常喜欢艺术的情感细腻的男孩，他喜欢弹钢琴和画画，闲暇时喜欢一个人静静坐着看书。

班里的男生都喜欢在课间休息时打篮球、踢足球，小旭从来不参加，他不喜欢激烈的运动，也很担心自己在运动中受伤。他是班里唯一一个不参与这些运动的男孩，其他男孩因此开始有意无意地排斥他，有人甚至叫他“娘娘腔”。

这让小旭觉得非常痛苦。

小旭面对的压力是自身的性别表达模式和所处环境对于性别表达模式的特定期待不一致导致的。班里只有他一个男孩不参加体育运动，他由此招致了别人的误解甚至不友好的对待。当然，小旭并没有做错任何事情，因为他的选择没有伤害任何人。反之，那些议论他的同学做错了事情，他们不应该因为别人是人群中的少数群体，就歧视、伤害对方。

其实，在生活中，我们每个人都有可能成为人群中的少数群体。比如：很多同学都戴眼镜而你不戴；很多同学都比你高；很多同学都有名牌球鞋而你没有；大家一起出去吃饭，只有你不吃牛肉；等等。成为少数群体时，我们会变得十分敏感、脆弱，更容易被伤害。当我们成为少数群体时，我们十分渴望被人理解、接纳和喜爱。

所以，推己及人，当面对班级里或者生活中因为各种原因成为少数群体的人时，我们千万不能歧视、嘲笑对方，而是要尊重、接纳和理解对方。也许，你并不愿意和对方成为好朋友或者有更多的相处，但起码要做到友善地对待对方。

当然，如果你能在看到别人欺负、歧视少数群体时挺身而出，阻止这种错误的行为，那就更好了。不过，做这一切的前提是保证自己的安全。如果你能和好朋友一起做这件事情而不是单独行动的话，你也许更能保证自己的安全，而且你也将更有力量。

我们再来看看小旭的遭遇。面对困境，小旭应该怎么做呢？

其实，性别表达更多的是一种个人选择。每个人都有自己的特点和自己想选择的生活方式。是否要根据自己的内心进行性别表达，每个人都应该好好考虑一下。你可能也曾或正在面临类似的困境，你可以从以下几个方面进行思考。

如果选择遵从自己的内在感受进行性别表达，可能带来什么好处，又可能带来什么风险？一般的情况可能是这样的。

首先是好处。可以满足自己的需求，可以让自己开心，可以不委屈自己，可以发展自己的爱好……

其次是麻烦。可能会被议论、被歧视、被孤立，可能得不到家长的理解，可能会遭遇很多负面情绪……

当然，以上只是简单举例。每个人所处的环境和面临的问题不同，相关的好处和风险也存在差异。

像这样分析完之后，请认真思考，你是愿意为了享受这些好处而直面风险和压力，还是愿意为了避免这些风险和压力而一定程度上放弃自己内心的需求。请记住，这样的选择没有好坏之分，只要适合自己就行。

也许，你会认为，如果不能坚持做自己，自己就会变成一个没有价值的人，但让自己适当规避风险也是智慧的选择。如果你愿意做真实的自己且有能力应对各种潜在风险，你真的很棒。如果你在坚持的过程中感觉很辛苦，最终选择妥协，也没有问题。

我们每个人都应为创造更加和谐、美好的环境而努力。若每个人都能为此贡献一点力量，我们就更有机会遵从自己的内心而活。

请相信，你的每一次努力，都会让你离这个目标越来越近！

第四章

青春期爱的感受和关系的建立

爱的感受是怎样的

爱是一个神秘、复杂的词语。说到爱，我们总能联想到很多。

当看到“爱”这个字，你会想到什么呢？你的很多同龄人给出了五花八门的答案：爱情、大爱、友谊之爱、爱父母、爱老师、爱学校、爱宠物、爱好……

在这里，我们要讨论的是“爱”这个内涵广泛的词语的一部分，那就是浪漫的爱，即爱上一个人的感受。

爱到底是一种什么样的感受？很难用明确的语言描述清楚。感受本身就是个性化的，即使面对同一件事，不同的人也可能有不同的感受。我们对于爱的感受和理解受很多因素影响，其中最主要的是以下三个方面。

爱由生物本能触发

爱的感受与需求，源于个体生存与种族繁衍的需要，受自然密码控制。爱的体验、感觉、冲动与个体生理意义上的性发育和性成熟直接相关。每个人在成长的过程中，都会慢慢体会到爱的感受，这是机体自然发育的结果。也就是说，爱由生物本能触发。

爱受社会文化影响

社会文化对于个体对爱的感受和理解的影响是很大的。在不同历史时期、不同文化背景下，人们对爱的理解、表达和感受是不同的。比如，相较于西方人，东方人对于爱的表达更加内敛、克制，对于爱的理解有更多责任、风险的内容。比如，在很多文化中，夫妻之间基于对方对于爱的感受更多在婚后培养，爱并不是婚姻的必要条件。然而，在现代社会，人们对于爱的追求更加遵从自我感受。

爱深受个体生活经历影响

个体对于爱的感受和理解深受原生家庭父母关系、亲子关系的影响。当你的父母对于爱的表达更加直接、明确时，你对爱的感受和表达相对来说也会更加明确。同时，父母之间的互动方式及他们与你的互动方式，也会影响你基于爱的感受与他人的互动。

个体对于爱的感受和理解与个体对爱的接纳也有关系。每个人对于爱的接纳都是不同的，这和我们刚才提到的社会文化环境和原生家庭有一定的关系，和个体之间天生的差异也有关系。

我们以往关于爱及被接受的经验也会影响我们当下的感受。若经历过更多和爱相关的积极经验，我们将会更加积极地理解爱和表达爱。反之，我们可能会压抑自己关于爱的感受。

你有过爱的感受吗

我在前面讲了很多可能影响爱的感受的因素。现在，我想问问你，你有过爱的感受吗？

进入青春期的你大概率已经体会过爱的感受了。从个体发育的角度来讲，随着大脑的不断发育，在 7 ~ 8 岁时，大多数人会第一次体会到爱的感受。基于爱的感受，你开始能够区分朋友之间的感情和爱情到底有怎样的差别，开始意识到自己对班上某个同学、认识的某个人或者某个明星产生了心动的感觉。你可能会给对方写一封情书，可能会把这一切记录在日记里，也可能什么都不做，但无论怎样，你已经清晰地体会到了爱的感受。

进入青春期，随着体内性激素的大量分泌，你所体会到的爱的感受会更加强烈，并且身体接触开始对你有了不同的意味。在你小的时候，老师让你和女孩手拉手做游戏时，你对此可能并没有特殊的感受。但当你进入青春期后，和异性的身体接触会让你产生不同的感受，有时候会让你感觉很害羞，有时候会让你感觉不舒服，这都是正常的。

你还可能发现自己对于描述恋爱的影视作品和书籍非常感兴趣，甚至沉浸其中。你可能在其中体会到恋爱的感受。有些影视作品和书籍可能会影响你对于恋爱的看法和判断。关于这一点，我在后面会具体论述。

面对爱的感受，我们该怎么办

读到这里，你应该已经明白，爱的感受是自然出现的，是一种美好的感觉。感受是不受人的意识控制的，爱的感受也是如此。很多时候，我们仅仅是觉察到这种感受出现了而已。所以，当体会到爱的感受时，千万不要给自己任何压力和不好的暗示。

然而，行为和感受是完全不同的，行为是受我们的意识控制的。在体会到了爱的感受之后，我们要做怎样的行为，需要好好思考一番。比如，你在一次考试中取得了很好的成绩，你有了开心的感受，但这一感受你是否要表达出来，以及你要向谁表达，你是可以选择的。

面对爱的感受，你在行为层面有哪些可能的选择呢？坐下来好好思考一下，把你想到的都写下来。你可以和好朋友一起做这件事。你们可以比赛，看谁能写出更多的选择。在写的时候，不要想某个选择是不是合适，或者自己会不会做这个选择，把你能想到的都写出来吧。

下面，我举一些例子。当然，你写出来的可能更多、更全面。

1. 建立恋爱关系。

2. 做普通朋友。

3. 暗恋，不表达。

4. 表达，但不建立关系。

5. 默默守护对方。

6. 压抑自己的真实感受。

……

接下来，请说出对你来说更可能的两至三个选择，然后依次分析这几个选择的利与弊。

下面，我以“建立恋爱关系”和“做普通朋友”为例来分析一下。

建立恋爱关系

利：可以获得双方认可的关系；可以更直接地体验爱的感受，体验亲密感，体验被认可的感受，体验被人爱的感受；可能会促进学习；每天有人陪伴；遇到困难可一起面对……

弊：恋爱中发生矛盾可能会影响心情，家长可能会反对，可能面临来自学校和老师的压力，可能影响学习，可能被同学嘲笑，向对方表白时可能被拒绝……

做普通朋友

利：被拒绝的可能性很小，更容易和对方保持友好交往，不会面临来自家长、学校的压力，可以互相陪伴、互相鼓励，可以默默享受喜欢和被喜欢的美好感受，不会影响学习……

弊：要把自己的真实感受藏在心里；可能错失交往的机会；如果对方与别人谈恋爱了，你会有失恋的感受；无法了解对方的真实想法；强烈的爱的感受可能会影响情绪和学习……

当然，我还是要强调，由于每个人的性格特点、生活环境不同，每个选择对每个人的利弊可能不同。所以，不要拘泥于上面的例子，一定要根据自己真实的情况做选择。当你单独做这样的思考时，往往容易钻牛角尖，难以打开思路，你可以和自己的好朋友讨论一下。这样，你们可能会给彼此一些启发，从而把利弊考虑得更充分。

看到这里，你也许很想问一句，在这些选择里，哪些更好，哪些相对而言不好呢？其实，就像我前面说的一样，选择没有好坏之分，主要在于适不适合你。在上面提到的选择中，的确有一个是我不推荐的，那就是“压抑自己的真实感受”。

为什么这个选择我不推荐呢？你一定还记得我在前面讲过，爱的感受是自然出现的，是我们无法用主观意识控制的。如果你不能接纳这种自然出现的感受，或者因为种种原因而选择压抑或回避，很容易让自己产生很多负面情绪甚至心理问题。

其实，风险都是行为带来的，感受本身并不会带来风险。所以，如果你担心影响学习或有其他的担忧，完全可以选择默默体会这种感受而不表达出来。你只要不表达出来，别人就不会知道。你在心里默默享受这种美好的感觉，并不会给自己或他人带来任何负面影响。

很多时候，对于自己的感受，我们还是渴望别人看到和理解的。你可以在安全的范围内表达自己的感受，比如和很好的朋友说说自己的感受、把自己的感受写在日记中等。有的时候，比起一个人面对某种感受，表达出来会让你放松很多。

如果爱的感受真的让你非常纠结，而且你为此十分担忧，那么你可以考虑在父母的帮助下寻求专业心理咨询师的帮助。

在爱面前，如何做选择

我们再回到选择上。通过阅读前面的内容，你已经知道如何针对各种选择做利弊分析，同时也明白没有一种选择是绝对好或绝对不好的。那么，到底如何才能做出合适的选择呢？以下几点，值得你好好思考。

做决定时要充分考虑所有利弊

如何确保一个选择适合自己？最好的方法就是在做出选择前充分考虑所有利弊。我们考虑得越充分，思考得越全面，越容易做出合适的选择。在面对所有的利时，一定要充分考虑哪些利对我们特别重要，哪些利的重要性一般或没那么重要。而对于弊，我们要重点考虑哪些会给我们带来很大的压力，哪些是我们可以较为轻松地应对的。

将所有利弊考虑清楚，有助于你做出更适合自己的选择和决定。

没有人能帮你做决定，别人的选择不一定适合你

在青春期，我们往往会拒绝家长和其他成年人的建议，却容易受同龄人影响。比如，你可能会这么想：我的好朋友决定谈恋爱，他可以，我是不是也可以？我的好朋友选择默默守护对方，为什么我做了同样的选择，却觉得心里很难受呢？等等。

其实，即使是你最好的朋友的选择也不一定适合你，你的好朋友也不能帮你做决定。哪怕你们平时再聊

得来、三观再一致，你们的个性也可能存在差异，你们从小生活的家庭环境也可能存在差异，所以同样的选择在你们身上完全可能导致不同的结果。

你肯定听说过这样的例子：有的同学谈恋爱后在学习上取得巨大进步，最后和恋人一起考上了名牌大学；有的同学谈恋爱之后成绩一落千丈；有的同学在暗恋中享受了爱的美好，经过默默努力成了更好的自己；有的同学深陷暗恋的痛苦无法自拔，常常沉浸在负面情绪中；等等。

所以，千万不要把决定权交到别人手上。当然，更多地听取别人的意见、想法是非常好的，但做决定时还是要根据自己的情况来取舍。

记住，你做了选择，意味着你要为自己的选择承担责任和风险。

要充分考虑环境的影响

我们都不是独立生活在这个世界上的，我们的各种行为都会引发外界的反馈，甚至可能为自己带来各种压力。所以，对于爱的选择，环境因素也是要重点考虑的。比如，我们的父母及其他家人对于青少年谈恋爱的态度，决定了我们的选择是否会带来来自家庭的压力；学校、老师对于青少年谈恋爱的态度，以及校规、班规，则决定了我们的行为是否会带来来自学校的压力或者相应的惩罚。

想好如何面对困境

当你即将做出一个选择时，最好对这个选择可能带来的风险和困境做一个预估，并且要想好一定的应对措施。这样，遭遇这些风险和困境的时候，你至少能平和、从容地应对。同时，在考虑应对措施的时候，要明确自己是否有能力应对相应的风险和困境。毕竟，单纯地觉得自己可以和真的有能力应对是完全不同的。

什么行为是适宜的

在你对于有关爱的行为进行选择时，有可能涉及人际互动。比如，你向对方表白或者和对方交往的时候会涉及两个人的互动。在涉及人际互动的时候，你要考虑清楚自己的行为是否会给他人带来不适。比如，当众表白也许在你看来是很浪漫的行为，但可能会让对方很尴尬；比如，你被拒绝了仍然锲而不舍地表白，有可能让对方很受困扰；比如，你总给对方送东西引来了班里其他同学的议论甚至嘲笑，可能让对方很尴尬；等等。

在人际交往中，最难的就是坚持表达自己的同时不伤害对方，不给对方造成麻烦和困扰。只要你能多从对方的角度考虑问题，多理解对方的表达，多观察对方的身体语言、面部表情，就能够很好地理解对方的感受和需求。

我们应该建立怎样的爱情价值观

爱情需要忠诚吗?

恋爱必须认真对待吗?

恋爱时可以有“备胎”吗?

……

你是如何看待爱情的?你关于爱情的价值观来源于哪里呢?它可能来源于你的经历,可能来源于你阅读过的书籍,也可能来源于你看过的影视作品。我们日常接触的一些关于爱情的信息可能是存在偏差的。比如,影视作品和文学作品中经常出现如下情节。

情节一：无微不至的霸道总裁

霸道总裁通常又能赚钱又爱照顾人，能帮助女孩解决各种工作、生活上的困难，能随时给女孩做饭，在女孩生病时可无微不至地照顾女孩。

情节二：只要执着就能换得真心

男孩向女孩表白，被女孩拒绝了，但男孩并不放弃，一直坚持向女孩表白。在相处的过程中，女孩终于感觉到了男孩的好。最终，两个人走到了一起。

情节三：暴力中的真爱

男孩经常对女孩实施语言暴力甚至肢体暴力，实际上男孩很喜欢女孩。最后，两个人走到了一起。

对于以上情节，你看出其中的问题了吗？其实，影视作品和文学作品中所描述的爱情和现实生活中的爱情存在很大偏差。只是沉浸在影视作品营造的浪漫氛围中时，我们很难理性思考。这很正常，因为影视作品和文学作品中的许多情节设置很多时候就是为了满足人们在现实生活中无法实现的美好的、浪漫的愿望。

关于以上三个情节，现实生活是怎样的呢？

首先，在现实生活中，能成为霸道总裁的人要在事业上投入大量的时间和精力，通常很难在恋爱或者家庭中投入更多时间和精力。

其次，如果你不喜欢的人不断向你表白，通常你不会真的爱上对方，而且你会不堪其扰。

最后，语言暴力和肢体暴力通常只会给人带来伤害和恐惧，而不是爱的感觉。屈服于暴力而和施暴之人在一起的人，往往是因为害怕而不是因为爱。

影视作品和文学作品很美好，我们可以去享受它们带给我们的美好感觉，这没有任何问题。然而，千万要注意，影视作品和文学作品中的某些信息对我们的爱情价值观可能产生不良影响。面对现实中的爱情，永远要把自己与对方的感受放在第一位。尊重自己的感受，尊重对方的感受，双方才能更好地相处。

爱情对我们来说意味着什么

我在前面讲了，爱是个体成长过程中自然萌发的美好感受，但在现实生活中，爱的感受常和其他感受掺杂在一起。

很多人有过这样的想法：有人喜欢我，有人向我表白，说明我很好、很有魅力；没有人喜欢我，没有人向我表白，我就会觉得自己很失败，觉得自己不够好，不值得别人爱。

这种把自我价值感和有没有人喜欢自己联系在一起的情况非常常见，尤其在青少年身上非常常见。殊不知，这有很大的弊端，那就是非常容易让我们陷入自卑的情绪中。

我们知道，爱是一种感受。对于爱的感受，并不是所有人都会选择表达出来。没有人向你表白，可能是因为有人把对你的爱慕藏在了心里。同时，在上学期间，我们能够接触到的人是非常有限的，也许会对你心动的人还没有出现。

还有一点非常重要，你会不会让一个人对你产生爱的感受，与你是否优秀往往没有关系。把有没有人爱自己当作评价自己是否优秀、是否有价值的依据，是不合适的。

同样，对于爱情的选择也是如此。当你纠结于要不要走入一段恋爱关系的时候，你要重点考虑的是你的真实感受及这段关系可能带给你的利与弊。

如果因为渴望被别人看到你有人爱而走入一段恋爱关系，你也许并不能获得你想要的恋爱，反而可能陷入更多麻烦中。

第五章

青春期关于性的感受和合理应对

性的感受是什么

进入青春期，我们体内会大量分泌性激素。性激素的分泌除了会带来身体的快速发育、大脑的发育和心理的变化以外，还会带来关于性的感受。

性的感受是什么呢？

性的概念有广义和狭义之分。广义的性涵盖的内容很多，我在这本书里讲的所有内容都属于广义的性所包含的内容。而我在这一章里讲的性则专门指狭义的性，也就是生理上的性接触和性感受。

比如，当用手接触自己的生殖器官或者自慰时，你可能会产生一种愉悦的感受，你的心跳会加速，你的血液循环会加快，你甚至会出汗。有的时候，看到一些描述性行为的文字或视频时，你也可能会产生类似的感受。还有些时候，看到喜欢的人或者和喜欢的人有身体接触时，你可能也会产生一些相关的感受。这都是性感受。

你体会到了性感受，这很正常，不要因此指责自己或者觉得不好意思。另外，由于男、女生殖系统不同，女孩一般晚于男孩出现性感受。如果已经进入青春期的你还没有出现过任何关于性的感受，一般来讲也属正常现象。

那么，对于青春期可能随时出现的性感受及可能出现的关于性的行为，我们应该如何应对呢？

在听我具体讲解之前，你可以先问自己这样一些问题，以此看看自己到底是如何看待性的。

1. 有爱就一定要有性吗？

2. 性是美好的吗?

3. 性行为是我自己的事情吗?

4. 性一定要以爱为基础吗?

5. 有性行为就一定会感染性传播疾病吗?

性梦是怎么回事

小琪的心事

16岁的小琪这几天情绪一直很低落，这都源于前几天他做的一个梦。那天早晨，小琪醒来时还清晰地记得，在梦中自己和班上一个女孩拥抱在一起，甚至有互相亲吻的行为。更让小琪感到害怕的是，自己在梦中产生了很好的感受，似乎很喜欢梦中发生的一切。在现实生活中，小琪和这个女孩没有任何接触，也没有对她产生过爱慕的情感。这让小琪很自责，他觉得自己的思想很肮脏，不明白自己为什么会做这样的梦。

其实，小琪所经历的就是所谓的性梦。性梦在青春期是很常见的现象。当我们进入青春期后，体内会大量分泌性激素，性激素会带来性感受。在白天，我们有繁重的学业，有很多事情要做，偶尔出现的性感受有可能没有被我们体会到。到了夜间，当我们入睡之后，性感受可能出现在梦中。

在梦中，与性感受有关的场景往往是不真实的，甚至是荒诞的。小琪的经历是非常常见的。有一些人的梦中还有可能会出现一些非常规的性接触方式，甚至暴力的方式。比如，有人梦到自己被侵犯。这并不意味着我们真的有这样的遭遇、想法和需求。

我们该如何理解这种现象呢？回答这个问题之前，我们有必要先了解一下梦是怎么出现的。

梦，伴随人的一生。从出生开始，我们就会做各种各样的梦，只是有些梦清晰，有些梦模糊，有些梦我们能记得，有些梦我们醒来的那一刻就全都忘记了。梦是我们的潜意识把我们在日常生活中遇到的或想象中的场景拼凑在一起的产物。所以，梦里的情境哪怕看起来再清晰，也是假的。

你可能听说过，有些心理学家会通过分析梦境进行心理治疗，这是不是说明梦是有意义的呢？其实，在分析梦境时，心理学家也会遵循一个原则，那就是：梦里的情绪是真实的，但梦境本身是虚假的。

性梦也是如此。比如，你梦到了性行为，实际上这只是因为你的身体出现了性感受并在梦中得到了释放。并且，性感受在梦中被释放时，所选对象是随机的，是你的潜意识随便选择的一个你日常经常见到的对象，可能是你的某个亲人、朋友，也可能是某个明星。所以，千万不要为此感到自责。

有研究显示，70% 的成年人会梦见性行为，另外那 30% 也可能会梦见，只不过他们没记住。而对于处于青春期这个特殊阶段的你来说，也大抵如此。性梦是个体在生理与心理层面性成熟的正常表现。心理学家认为，性梦是潜意识中被压抑的性欲望的暴露，是一种心理上的安全宣泄。

所以，千万不要因为梦中的任何场景和行为而感到自责，因为那不是你能够控制的，仅仅是梦而已。当然，如果有些梦让你非常不舒服，甚至让你产生了恐惧的情绪，你可以向自己信赖的人倾诉，或者在父母的带领下找专业的心理咨询师寻求帮助。

如何应对性幻想

在青春期，我们在清醒的时候可能会有性幻想。和性梦相比，性幻想是我们主动的想象。

其实，从小到大，我们有很多幻想。比如，幻想自己有一个漂亮的玩具、幻想爸爸妈妈带我们到又大又漂亮的游乐场玩、幻想同桌对我们有好感等。进入青春期后，我们的幻想又增添了一项内容，那就是性幻想。

性幻想的内容千差万别，性幻想对象有可能是任何人。我们要明白，幻想只是幻想，不会变成现实。千万不要在现实层面去实践这些幻想。

当你的性幻想对象在相当长一段时间内是特定的某

个你平常能接触到的人，并且你想要一步步去实践自己的性幻想时，那你可要小心了，要好好冷静一下。单纯的性幻想不会造成任何问题，一旦你想把它变成现实，你就要认真思考一下了，比如你的行为是否会对自己或他人造成伤害、你的行为是否会造成不良影响等。

同时，还要注意的一点是，千万不要让自己沉浸在性幻想中，甚至影响自己的生活和学习。如果出现了这种情况，一定要注意。这时，我们不妨思考这样一些问题：为什么我会沉浸在性幻想中无法自拔？当我沉浸其中并且为此影响了生活中的其他事情时，我有什么样的感受？我是否应该多关注一些其他的事情以转移自己的注意力？我是否应该重新规划自己每天的作息时间？我是否需要他人的帮助？等等。

当然，如果真的出现了这样的情况，并不是性幻想本身出了问题，而是我们对于自己的行为和时间的管理出了问题。同样的道理，如果一个人每天总是打游戏，完全不干别的事情，肯定也会影响自己的学习和生活。

总而言之，性梦和性幻想都是我们进入青春期后会自然出现的正常的生理现象。不论其内容如何，都不要因此评价自己，更不要因此否定自己，认为自己不对、不好。如果过度的性梦和性幻想影响了自己的日常生活和学习，要想办法调整，也可以在父母的带领下寻求专业心理咨询师的帮助。

我们应该如何看待自慰

你听说过“自慰”这个词吗？所谓自慰，是指用手或物品触碰性器官，获得性愉悦甚至性高潮的行为。有人还会用“手淫”这个词来描述这一行为。

自慰是随着身体发育而出现的一种很正常的行为。当我们进入青春期后，体内大量性激素的分泌会让我们产生性感受和性欲望。为了满足自己的性欲望或获得更好的性感受，有些青少年会自慰。当然，成年人也有自慰的行为。

自慰是一种个人选择。有人选择自慰的行为，有人不选择自慰的行为，这都是正常的。

你在自慰之后可能会背负一些心理压力。比如，你可能会觉得自己很特殊：“是不是我的同龄人都不自慰，而只有我有这样的行为呢？我是不是个坏孩子？”我想告诉你，自慰是正常的，不要太自责。自慰在青少年身上并不罕见，只是很少有人主动谈论它，因为它是一种非常私密的行为。

科学研究证实，安全、卫生的自慰并不会给身体带来不良影响，自慰带来的主要负面影响是一定的心理压力，而这种心理压力往往是科学知识的缺乏导致的。以下内容可一定程度上帮你摆脱这种心理压力。

不要相信社会上关于自慰的污名化信息

你可能在网络或其他媒体上看到过很多关于自慰的可怕信息。比如：自慰会导致脱发；自慰会掏空你的身体；自慰会让你生病；自慰会影响你未来的生育能力，甚至造成不育；等等。

其实，这些都是错误的信息。安全、卫生的自慰不会对身体造成健康层面的影响，而自慰带来的愉悦感受可能对我们的情绪状态是有益的。同时，自慰行为还会让人产生放松的感受。

你也可能听说过一些关于自慰的负面信息。比如，一滴精等于十滴血，自慰会导致阳痿、早泄甚至不育，等等。面对这样的信息，你是不是也曾有过担心？事实上，这样的说法是经不起推敲的，是不科学的。科学、适当的自慰是不会导致这些问题的。男性的精液会不断产生，如果个体长时间没有自慰行为或性行为，精液也会以遗精的方式排出体外，正所谓“精满自溢”。

至于什么是科学、适当的自慰，我们接下来具体讨论一下。

安全、卫生的自慰方式

男生自慰时，为了保证安全、卫生，要将手清洗干净，并且要修剪好指甲，以防划伤阴茎。在自慰时，最好采用手指或手掌触摸阴茎的方式，千万不要用力拧、折阴茎。勃起的阴茎硬度很大，大力拧、折阴茎容易造成阴茎“骨折”。虽然阴茎里面没有骨头，但在充血勃起后，一旦遭受较大外力，阴茎海绵体及白膜容易断裂，导致阴茎出现类似骨折的症状。这时，阴茎会受伤，甚至出血。

另外，要特别注意的是，不要用硬物或容易划伤阴茎的物品摩擦阴茎，也不要将任何物品插入尿道，否则非常容易造成损伤。

同时，尽量选择私密的、不易被打扰的环境自慰，并且要注意环境卫生。

自慰后要及时清洗阴茎，如果弄脏了床单、内裤也要及时清洗，避免残留精液造成异味或其他不适。

适度自慰

你可能听过一种说法：适度的自慰对身体健康没有影响，但过度的自慰会有问题。你可能很困惑，什么样的自慰是适度的，怎样就算过度了呢？

其实，对于自慰而言，所谓的适度没有明确的标准，这是因为自慰行为是由性欲引发的，而每个人的性欲水平都是不同的。这就像每个人的饭量都不同一样，能吃两碗饭的人只吃一碗自然吃不饱，但只能吃一碗饭的人非要吃两碗也肯定撑得难受。

适度自慰是在身体自然地产生性欲的情况下（身体自然产生，而不是通过看色情影片或抚摸自己的身体调动性欲），在时间、场所又合适的情况下进行自慰（可以选择休息时间，不能白天在学校上课的时候跑到洗手间自慰，哪怕产生了性冲动）。而且，要保证自慰不影响正常的生活、学习。如果自慰影响了睡眠，影响了生活、学习，就需要调整。

与适度自慰相反的是所谓的自慰成瘾，其实这是很罕见的情况。不要轻易给自己贴标签，认为自己出现了成瘾的情况。

自慰成瘾通常指出现了以下三种情况。

1. 明知这种行为已经产生了心理、生理方面的不良后果，当事人依然无法停止、无法自控。

2. 当事人需要不断寻求更强烈的刺激，才能维持原有的兴奋感觉。

3. 如果行为被限制或禁止，当事人就会变得烦躁不安、难以忍受，甚至出现戒断综合征。所谓戒断综合征，指的是一些明显的躯体反应，比如失眠、胸闷、浑身无力等。

如果怀疑自己出现了成瘾的情况，千万不要试图自己处理。面对这样的问题，一定要在父母的帮助下寻求专业人士的帮助，比如专业的心理医生或性咨询师的帮助。而是否真的出现了自慰成瘾，也需要专业人士进行判断，千万不要随便给自己贴标签。

当然，除了自慰成瘾这一问题以外，如果自慰这种行为让你产生了很大的心理压力，比如，你十分自责、担忧，觉得自己有问题，并且在了解了科学的知识后仍然无法改变自己的状况，建议你在父母的帮助下求助专业的心理咨询师。

正确认识性行为

性行为的概念也有广义和狭义之分。在这里，我讲的性行为专指阴茎插入阴道的性交。

性行为是成年人尤其是处在婚姻关系中的成年人常见的、自然的亲密行为。在青春期，有一些青少年可能会有性行为。进入青春期之后，我们的身体基本发育成熟，性激素的分泌又让我们产生了性欲望。这时有些青少年就想体会性行为带来的感受，于是可能会有性行为。

那么，在青春期发生性行为对我们来说意味着什么呢？我们还是用利弊分析法来分析一下。青春期的性行为，可能带来的利与弊分别有哪些呢?

利：可能获得愉悦感、亲密感等。

弊：可能后悔、可能怀孕、可能感染性传播疾病、可能遭遇家长的批评和外界的负面评价、可能给身体带来伤害等。

也许你还能想到其他利弊，可以补充进来。在这里，我们要充分考虑年龄的因素。不同年龄阶段的性行为所带来的利弊，差异非常大。

对于青春期的性行为，家长几乎都持反对态度，这是因为在青春期发生性行为可能带来的弊端相对来说更严重，甚至可能对身体造成伤害。比如，怀孕、流产和感染性传播疾病都将给我们的身体带来不可逆的伤害。

事实上，在获得性愉悦这件事上，性行为并不是不可替代的。比如，我们自慰时，也可以获得性愉悦，并可以避免一些相关的风险。当然，有人可能会觉得，自慰带来的性感受和性行为带来的性感受不一样。实际上，有研究人员发现，自慰带来的性愉悦一点都不差，这是因为我们通常更了解自己的身体，更知道如何让自己获得愉悦感。

而从性行为可增加亲密感的角度看，现实的情况是，这在青春期发生的概率相对较小，对女孩来讲更是如此。一般来讲，在青春期自己愿意发生性行为的女孩相对较少。更常见的情况是，当男孩要求发生性行为的时候，女孩虽然不愿意，但因为非常在意男孩的感受，尤其当男孩表示“你不这样做，就是不爱我”或者“你要是不愿意，咱们就分手吧”时，可能会选择妥协。

在选择是否要发生性行为时，请记住一个非常重要的原则，那就是一定要出于自己的真实意愿做决定，同时也要考虑、尊重对方的意愿。如果你为了满足对方的需求而妥协，或者为了满足自己的需求而要求对方妥协，在性行为结束后很可能会后悔，这对于你的情绪以及亲密关系的正常维持来说，都会产生负面影响。

举个例子，如果一个女孩不想发生性行为，但是因为考虑到男孩的需求而妥协了。在这种情况下，如果男孩在发生性行为后不再理睬女孩了，女孩一定会很受伤，会有一种被欺骗的感觉。即使男孩并没有上述行为，女孩也很可能因为自己的妥协而产生很多负面情绪。

性换不来爱。在亲密关系中，最重要的永远是能够表达自己的真实意愿，并且要尊重对方的感受。如果对方不想和你发生性行为，你就要和对方分手，那你真的要好好想想自己的行为是否正确，是不是真的喜欢对方，以及可能造成的伤害。要记住：任何人都不会强迫自己真正喜欢的人做任何对方不喜欢做的事情！

所以，对于在青春期是否要发生性行为这件事，你一定要慎重。如果你在慎重思考后依然选择发生性行为，请务必保证它是安全的。这是性行为的底线。那怎么做才能保证安全呢?

首先，一定要采取避孕措施。首选安全套，它不仅能够避孕，还能够预防性传播疾病。关于安全套的使用方法，后面我会详细讲解。

其次，要保证发生性行为的场所是安全的。比如，家里永远比外面的小旅馆安全。

最后，一定要时刻关注自己及对方的感受，在感觉到不舒服甚至疼痛时要马上和对方沟通，不要勉强，以免对身体造成伤害。

第六章

青春期性安全与自我保护指南

什么是性侵害

性本身是积极和美好的。然而，如果有人用伤害他人的方式去满足自己的性需求，或者我们在满足自己的性需求时用错了方法，就有可能给他人或自己造成伤害。我们如何在安全范围内满足自己的性需求，并且在可能遭遇的性侵害事件中保护好自己呢？这是本章的重点内容。

那么，你知道什么是性侵害吗？

性侵害泛指违背他人意愿，对他人做出与性有关的行为。在性侵害中，施害者一般出于性目的，未经受害者允许便实施各种不同的性接触。

相关的专业人士给出的儿童性侵害的定义是这样的：18 岁及 18 岁以下的未成年人（男性或女性）在施害者的威逼利诱下，参与任何违背个人意愿的性活动，或在非知情同意的情况下参与性活动。

我们一般从形式上把性侵害分为两类，一类是接触身体的性侵害，一类是不接触身体的性侵害。

接触身体的性侵害包括：在受害人不愿意的情况下触摸对方的身体；紧紧地搂抱受害人；用身体挤压、摩擦受害人的身体；触摸受害人的生殖器官；迫使受害人触摸施害人的生殖器官；等等。

不接触身体的性侵害包括：施害人在受害人面前裸露自己的生殖器官；偷窥受害人的裸体；偷看受害人洗澡、上厕所；给受害人拍裸照、录裸露视频；迫使、引诱受害人观看色情制品，或者要求受害人和施害人一起看；引诱或强迫两个或多个受害人实施亲密行为；等等。

在网络高度发达的今天，又出现了一些特殊的性侵害。比如，在网络环境里，施害人以帮受害人买游戏装备为条件引诱受害人和他们裸聊、拍摄裸照或裸露视频，在网络社交软件上引诱受害人裸露身体，等等。

在识别性侵害尤其是儿童性侵害时，我们长期以来形成的一些错误观念常常影响我们的判断，或者妨碍我们保护自己。

常见的相关错误观念如下。

错误观念一：施害人都是陌生的坏叔叔

当提起可能伤害你或性侵你的人时，你脑海里第一时间冒出的施害人是一个什么样的人呢？是不是一个一脸坏相的陌生大叔？

其实，针对儿童性侵案件的调查发现，70% 左右的施害者都是受害者认识的人。同时，无论是男性还是女性，无论是成年人还是未成年人，无论是年轻人还是老年人，都有可能成为性侵行为的实施者。

错误观念二：男孩不会被性侵

在很多人的印象里，性侵的受害者都是女孩。实际上，有调查研究发现，男孩遭受性侵的情况也非常普遍。只是相对于女孩被性侵，男孩被性侵受到的关注更少，被发现的也更少。

并且，在日常性安全教育中，男孩往往容易被忽视，所以在遭遇性侵后，很多男孩并不知道发生了什么，也不懂得如何求助。

错误观念三：被性侵意味着受害者也有一定的问题

在现实生活中，我们常常见到针对性侵事件受害者的污名化现象，比如，受害者打扮过于性感导致了性侵事件的发生。其实，在性侵事件中，唯一犯了错的人是性侵行为的实施者。受害者只是受到了伤害，并没有过错。

另外，哪怕你学习过防性侵的知识和技能，也可能遭遇性侵。并且，所有人——包括成年人——在面对外来威胁和伤害时都可能出现“冰冻反应”，即在遭遇侵害时大脑一片空白，无法做出任何反抗的举动，这是很常见的一种反应。实际上，哪怕你没有遭遇冰冻反应，依然可能因为各种原因没办法反抗和自救。但无论如何，这都不是你的问题，千万不要因此责备自己！

如何才能让自己免受性侵害

我们需要掌握一些技能来应对可能出现的性侵害，相关技能可以帮助我们更好地识别风险并进行有效自救。

下面，我将介绍一些可预防性侵的重要技能。单纯的阅读不一定能让你完全掌握相应的技能，你可以和朋友、家长以角色扮演的形式来演练，从而让自己真正掌握这些技能。

防性侵技能一：认识和保护隐私部位

什么是隐私部位？简单来说就是泳衣遮盖的部位。

男性和女性的隐私部位是有差异的。

男性的隐私部位主要包括阴茎、阴囊和臀部。

女性的隐私部位主要包括乳房、乳头、外阴和臀部。

隐私部位是我们的绝对隐私，不能让任何人看和碰。当然，以下三种情况例外：医生检查身体（家长应在场）、家长协助清洁身体和生病时需要照顾。

防性侵技能二：识别和表达身体界限

身体界限和隐私部位的概念不同。身体界限指的是我们身体的边界。当我们和他人有身体接触时，有一些身体接触会让我们感觉到安全和舒服，有一些身体接触则会让我们感觉到不舒服、不安全。那些让我们感觉不舒服、不安全的身体接触，可以说是侵犯了我们的身体界限。

安全和舒服的身体接触可让我们感觉到温暖、安全等，是我们可接受的。

不舒服和不安全的身体接触可让我们感觉到害怕、不舒服、不安全、有压力等，是我们不可接受的。

身体界限是一个非常个性化的概念，每个人的身体界限都有可能是不一样的。比如，有人不喜欢别人碰自己的胳膊，有人不喜欢别人碰自己的脖子，等等。

一个人面对不同的人时，身体界限也可能不一样。比如，你可能有过这样的体验，当爸爸妈妈碰到你的胳膊时，你一般不会有不舒服的感觉，但当陌生人碰到你的胳膊时，你会感觉特别不舒服。

身体界限是我们需要在生活中慢慢体会和总结的，同时也可以通过练习来确认。如何练习呢？先拿出一张纸，并在上面画一个人。

我们可以把这个人想象成自己，然后根据自己的情况用不同颜色的笔将隐私部位和身体界限标出来。

比如，先用红色的笔标出隐私部位。

然后，针对不同的人，用不同颜色的笔标出不同的身体界限。具体如何操作呢？

我们可以把可能接触到的人依据亲疏关系分为以下几类。

第一类是我们的家人以及最亲密的朋友。

第二类是我们的普通朋友、同学、熟人等。

第三类是我们认识的人，比如老师、邻居、同学的父母等。

第四类是陌生人。

这个分类可以根据个人的情况灵活调整，主要依据是你和这些人的亲疏程度。

我们可以分别用四种不同颜色的笔标一下这四类人不能触碰的我们的身体部位。也就是说，如果他们触碰我们这些身体部位时，我们会感觉不舒服、难受、不安全。

当你完成了这个练习，你对于自己的身体界限就更清楚了。

防性侵技能三：识别危险场景和不舒服的身体接触

我在前面讲过，在防性侵这件事上，我们不能把注意力都放在识别坏人上，因为这是很不靠谱的。坏人并非都是面露凶相的人，他们看起来甚至可能有点儿和蔼可亲。在防性侵这件事上，我们要重点识别危险场景和不舒服的身体接触。

如果在与他人互动时出现了不舒服的身体接触，要及时远离对方。如果可以，应清楚地告诉对方这样的身体接触让你很不舒服。如果在你这样做后，对方依然侵犯你的身体界限，你要马上告诉自己，这是有风险的，要尽快离开甚至寻求帮助。如果对方已经侵犯了你的隐私部位，那更要马上采取自救措施。

在以下这些情境中，你更容易遭遇各种风险，要十分注意。

1. 你独自出门，没人知道你去了哪里。不管去哪里，一定要提前告诉家长。否则，一旦你遭遇危险，家长不知道要去哪里找你。

2. 独自走僻静的小路，尤其是在晚上。

3. 有人自称是“爸爸的朋友”“妈妈的亲戚”等，要接你走，但你并不认识对方。

4. 一个你认识的爸爸或妈妈的朋友来接你，但爸爸妈妈之前并没有跟你说过要让别人来接你。无论谁来接你，你一定要和爸爸妈妈确认。

5. 接受陌生人或不太熟悉的人给的食物、玩具、金钱等。

6. 有人要你给他带路，尤其是要去相对偏僻的地方时。

7. 有人想方设法要和你单独待在一起，尤其是要待在一个封闭空间。

8. 乘坐非正规运营的出租车，也就是我们常说的“黑车”。

9. 在网络上透露自己的真实信息，尤其是隐私部位的照片。

……

这只是一些常见的例子。你还可以和朋友、家长一起讨论一下，看看还有哪些场景相对来讲是很危险的。

防性侵技能四：学会说“不”

当我们遭遇危险情境时，如果能大声说“不”并尽快跑开，试图施害的坏人就有可能退缩。那么，你知道该如何说“不”吗？你可能在生活中很少说“不”，所以你真的需要好好练习一下。

请看下页两张图中的男孩，他们都在说“不”，但是他们给你的感觉一样吗？

当我们用不同的身体姿态说“不”的时候，效果可能完全不同。图 1 中的男孩会让对方觉得他很害怕，他的拒绝并不坚定，很难震慑到施害者。而图 2 中的男孩的身体姿态告诉我们，他的拒绝非常坚定。所以，图 2 中的男孩的应对方式是我们要学习的。

语气、语调也很重要，大声、坚定的表达比小声、含糊的表达效果要好得多。

所以，请试着大声、坚定、自信地说“不”吧！

图1

图2

防性侵技能五：学习关于身体界限的沟通技巧，学会礼貌地拒绝

我们先来看看小刚的烦恼：

“我有一个很好的朋友，他特别喜欢在说话的时候拍别人的大腿。这让我觉得很不舒服，但我又不敢告诉他，怕失去这个好朋友！”

显然，小刚遇到的问题是被好朋友侵犯了身体界限，但他很难用坚定地说“不”的方式拒绝对方，因为他觉得对方并非出于恶意，而且他害怕强硬的拒绝会让他失去这个好朋友。

其实，这样的情况在生活中非常常见。我在前面讲过，身体界限对于每个人来说都是不同的。在日常的相处中，有些人很有可能因为不了解你的身体界限而造成了你的不舒服。虽然对方并没有主观上的恶意，但是如果你不能让对方明白你的身体界限，这样的情况就会反

复出现，并且一定会影响你们的关系。

面对这样的情况，我们可以用礼貌、不伤人的方式让对方了解我们的身体界限，并与对方好好沟通以调整互动的方式。

比如，小刚可以和朋友这样沟通：“你是我很好的朋友，我很喜欢和你在一起玩。但是有一件事情比较困扰我，就是你常拍我的大腿。别人一碰我的大腿，我就会感觉不舒服。当然，这不是你的错，只是这样我会感觉不舒服。所以我想跟你商量一下，咱俩能否换一种互动的方式呢？”

在表达时，我们可以根据自己习惯的方式来调整，但以下几点必须注意：第一，不让对方感觉到被指责；第二，肯定双方的关系，明确表达自己对这段关系的重视；第三，表达自己的真实感受；第四，与对方商量如何调整互动的方式。

在尝试和对方进行友好沟通时，也要看对方的反应。通常，对方可能很难马上调整自己的行为，你可以提醒对方。如果你已经表达了好多次，对方还是不改变，甚至并不把你说的话当回事，这时你就要考虑一下，对方是否真的是你值得交往的朋友。毕竟，朋友之间能够互相理解和尊重是非常重要的。

若遭遇性侵，如何自救与求助

在施害者实施侵害行为时，往往会威胁被害者不要告诉其他人，有的时候会采用恐吓的方式，有的时候会欺骗受害者，比如："这是我们之间的秘密，你不能告诉别人。你如果告诉别人，我就会伤害你。""别人知道你被性侵了，就会对你指指点点！"等等。

无论如何，请记住，施害者说这些话只有一个目的，就是为了保证自己的侵害行为不被他人发现。面对施害者这样的伎俩，最好的回击是，无论对方怎么威胁你、欺骗你，都不要害怕，都不要相信。要记住，无论何时，无论遇到什么样的情况，你都可以找到值得信赖的、可以求助的人。

你现在可以仔细想一想，如果不幸遭遇了这类事件，谁是可以信赖的、可以求助的人。这样的人一定是理解你、支持你，而且能和你坚定地站在一起的人。并且，这样的人是有能力应对这类事件的。所以，我们在求助时，最好找成年人。

你可以向爸爸妈妈，或者你非常信赖的老师求助。如果你想来想去都没有找到合适的求助对象，也不要放弃，可以向某些社会机构和专业人士求助。比如，你可以向可为未成年人提供救助和帮扶的公益机构、法律机构求助，也可以向当地妇联求助。

最有效的保护我们的武器是法律。请注意，施害者即使是你的亲戚甚至家人，也会受到法律制裁。所以，受到侵害时，务必第一时间报警。

最后要强调的是，遭遇性侵时，在可能的情况下要尽量保留证据。这更有利于从法律层面对施害者进行惩处。在保留证据方面，应注意以下几点：越早报警越好，在报警前尽量不洗澡、少上厕所、不打扫现场，微信等社交软件的聊天记录也可以成为证据。

不要在无意中成为性侵事件的施害者

除了要在可能出现的性侵事件中保护好自己，在与他人的日常交往中，我们也要避免自己成为性侵事件的施害者。为什么这么说呢？因为有时我们没有意识到自己的行为会给对方造成怎样的影响，可能会让我们无意中成为施害者。

小夏的秘密

15 岁的小夏最近心里藏了一个让自己惴惴不安的小秘密，他特别想向老师反映一下，但一直没说出口。

事情是这样的：这个学期以来，小夏班里的几个男孩经常对别的男孩搞恶作剧，就是突然一起跑向一个男孩，然后拉下对方的裤子，看看对方发育了没有，并会拿对方的阴茎开玩笑。他们认为这是一个很好玩的游戏。小夏的一个朋友是这个“游戏”的发起人之一，他经常拉小夏一起玩。

小夏一开始觉得很有趣，但慢慢地觉得有点儿奇怪，甚至觉得自己不应该这样做，但他一直没敢提出来。这样的“游戏”往往发生在偏僻的角落或厕所，所以一直没有被老师发现。

其实，小夏和朋友做的事情也算性侵，因为他们侵犯了其他男孩的隐私。日常生活中，很多人会从游戏的角度看待这样的事，因此忽略了它的伤害性。我们一定要注意，只要是违背他人意愿的身体接触或让他人裸露身体的行为，就可能构成性侵。这种事是千万不能做的，否则会给对方造成伤害。

我们再来看看小鱼的苦恼。

小鱼的苦恼

小鱼班里的同学最近都在手机上玩一个 P 图软件，大家常把班里同学的头像拼接在软件里不同的身体图片上。

有一次，一个同学把小鱼的头像拼接在了一张裸体图片上。之后，这张图片在班里的同学之间疯狂传播。

这让小鱼觉得很不舒服。他好几次表示反抗，却被同学认为没有幽默感、玩不起。

小鱼遭遇的事件也属于性侵事件，通过手机或电脑给他人合成裸照以及传播这样的照片都是性侵，是应该杜绝的。

下面，我们再看看小芳的遭遇。

小芳的遭遇

17 岁的小芳背着父母和班里的一个男孩谈起了恋爱。

一个周末，小芳和男友一起去郊区玩，男友表示想和小芳有更亲密的接触。小芳意识到这所谓的更亲密的接触可能涉及性行为便想拒绝，但她不知道如何对男友讲，所以就搪塞说自己再想想。

当天晚上，男友和小芳都喝了一点酒。在小芳迷迷糊糊的时候，男友和她发生了性行为。事后，小芳斥责男友不该这样做，但男友认为小芳并没有明确拒绝。

小芳的遭遇涉及一个非常重要的概念，那就是“知情同意”。我在前面讲过，是否要发生性行为，一定要根据自己的意愿做决定，并要充分考虑利弊后再做决定。

所谓知情同意，就是当事人明确表达自己是愿意的，而任何含糊的、不明确的表达都不能表示当事人愿意。当事双方发生了性行为，若任何一方没有明确表达愿意，就可能涉及性侵。

关于知情同意，以下几个要点是我们要特别注意的。

1. 当事人可能明确表示过同意，但后来又反悔了。要尊重当事人的意愿，要以当事人最近一次的表达为准。

2. 如果当事人失去了意识，比如睡着了、喝醉了等，不能与其发生性行为。即使当事人在睡着、醉酒之前表示过同意，也并不表明其当下同意。失去意识的人是没有办法进行表达的，唯一能做的就是保证其安全。

3. 即使曾经和对方发生过性行为，也并不代表当下对方依然愿意这么做。

这也提示我们，一旦遭遇类似事件，如果想要拒绝，清楚地表达是很重要的，这可以避免非自愿性行为的发生。

避孕是怎么回事

进入青春期，女孩月经初潮后，男孩开始遗精后，就具备了生育能力。但是这时青少年生理发育还没有结束，所以怀孕对青少年的身体和心理都将产生很大的负面影响。因此，青少年一定要注意，尽量不要发生性行为，甚至要杜绝性行为，尤其要杜绝不安全性行为。当然，已经具备生育能力的青少年在某些特殊情况下可能面临怀孕风险，所以应适当了解一些避孕知识。

那么，什么是避孕呢？一般来讲，避孕是指在性生活过程中避免女性受孕。

说起避孕方法，并不是所有避孕方法的效果都很好。有些避孕方法是非常不靠谱的，失败率很高，比如安全期避孕法、体外射精法等。

安全期避孕法是指在女性的排卵日期不发生性行为以达到避孕目的。确定排卵日期的主要方法是时间推定或观察体征。

理论上讲，时间推定的方法只适合月经周期特别规律的女性。排卵通常发生在下次月经前 14 天左右，排卵前后 4 ~ 5 天为易孕期，其余时间为安全期。

观察体征是通过定期测量体温或观察宫颈黏液来确定、推测排卵日期。

以上两种方法都很容易失败。女性排卵常常因外界环境、心理、情绪、健康状况等因素的影响而推迟或提前，并且还有可能发生额外排卵。这些现象在青春期女孩身上更为常见，因为青春期女孩卵巢功能还不健全，很容易出现异常排卵。另外，精子和卵子在女性生殖道的存活时间也存在较大差异。因此，安全期避孕法并不可靠。

体外射精是一种更不靠谱的避孕方式。体外射精避孕法是指在发生性行为过程中，男性在即将射精时，迅速将阴茎抽离阴道，以免把精液射在女性体内导致怀孕。

此种方法不靠谱的原因是男性的精液并不只是在性高潮时射出。而且，男性有时也无法准确判断射精时机。另外，男性在射精前通常会分泌前列腺液。前列腺液中一般含有少量精子，一旦进入女性体内，也可能导致女性怀孕。

常用的成功率较高的避孕措施包括使用安全套、口服避孕药、使用宫内节育器、结扎等，但这些避孕措施大多不适合青少年。

结扎指的是将男性的输精管或女性的输卵管扎住以

达到绝育的目的。结扎一般适用于已经没有生育意愿的成年人。结扎后虽然还可以进行复通手术，但复通失败的概率比较大。

使用宫内节育器避孕是指在子宫内放置节育环以达到避孕的目的，并不适合未成年人。

使用口服避孕药避孕需要长期、持续服用，也不适合青少年。

日常生活中，最常使用的避孕方法是使用安全套。安全套分男用安全套和女用安全套。女用安全套佩戴相对复杂，避孕失败率高且不安全，所以不推荐使用。我们日常生活中常说的安全套一般指男用安全套。

安全套长什么样子？可以请家长拿一个安全套给你看看，以方便你观察。安全套的实际长度一般在 19 厘米左右，远端有一个约 2 厘米长的贮精囊，可以贮存精液，近端开口处（套口）有一个略有弹性的橡皮圈，具有将安全套固定在阴茎上的作用。

使用安全套时要十分注意，一旦错误使用会导致很高的避孕失败率。使用安全套必须注意以下几点。

1. 若要实施性行为，必须使用全新的安全套。发生性行为过程中，如果安全套滑落，要立即更换新的安全套。

2. 撕开安全套的包装时要小心，要沿边缘撕开，不要用牙咬，不要用剪刀，否则容易弄破安全套。尖锐的指甲也有可能划破安全套。

3. 性行为结束后，要检查安全套是否有破损。如果发现安全套有破损，应采取紧急避孕措施。

另外，在日常生活中，成年人在某些情况下可能会口服紧急避孕药避孕。需注意的是，紧急避孕药不能用于常规避孕，因为口服紧急避孕药的成功率并不高。并且，紧急避孕药激素含量很高，如果频繁使用可能会对身体造成比较严重的伤害。

最后，即使是我们所讲的靠谱的避孕方式，其避孕成功率也不是100%。在正确使用的情况下，安全套的避孕成功率可达98%左右；否则，成功率则会降低。

可见，如果想保证绝对安全，唯一的选择是尽量不发生性行为。对于青少年来讲，更是如此！而且，对于青少年来讲，尤其是女孩，过早发生性行为可能给身体带来不可逆的伤害。

意外怀孕与流产

遭遇意外怀孕怎么办

作为男生，你可能并不十分关心这个问题。然而，如果你导致女生意外怀孕，你是要承担责任的。你需要了解一些知识帮助对方，并且要承担起自己应该承担的责任，而不是将一切推给女生。

下面，我们就来具体了解一下在意外怀孕后，女生到底会经历什么，又应该如何应对。

在生活中，我们发现很多青春期女生在意外怀孕之后，通常不敢告诉家长，直到实在掩饰不住了，才敢向家人求助。甚至有一些女生意外怀孕后，由于怕别人知道，就想方设法自己流产，直至出现流产不全甚至大出血才向家人求助。

更让人担忧的是，有一些女生在遭遇这种情况后，由于缺钱、担心家人知道等原因，会选择一些小诊所甚至“黑诊所”做流产手术，结果给自己的身体造成更大的伤害，轻则导致感染，重则危及生命。

女生在遭遇这样的问题时不想让家长知道的心情可以理解，但请你一定记住，任何时候、任何事情都没有你的生命安全重要。家长也许会因为你意外怀孕这件事大发雷霆，但他们平静下来后一定会帮助你。

下面，我会介绍一些关于意外怀孕和科学流产的知识。这些知识可以帮助你在面对此类问题时做出更明智的、对自己的健康更负责任的选择。

如何确定女生已经怀孕

在发生了无保护的性行为或避孕失败后，要考虑是否有意外怀孕的可能。如果女孩平时月经比较规律，那么突然推迟一周以上时，要高度怀疑是否有怀孕的可能。可以去正规药店购买早孕试纸并严格根据使用说明进行检测。使用晨尿（也就是每天早上第一次排尿排出的尿液）进行检测，结果更准确。

当然，用试纸检测有假阴性或假阳性的可能性，所以最好重复测几次。如果用试纸检测确认怀孕了，还要到医院进行抽血化验以最终确认。

怀孕后的选择

通常，在意外怀孕后，首先要考虑是否要将孩子生下来。

对于未成年人来说，很少有人选择生下孩子。未成年人不具备独立生活能力，抚养孩子更加困难。更何况，未成年人生产可能给自己带来生理、心理层面的诸多不良影响。

如果最后决定不生下孩子，接下来是在家长的陪伴下前往医院进行人工流产。

流产

不要因为怕人知道，或是贪图省钱、方便，就到一些小诊所甚至“黑诊所”去做人流手术。人流手术虽然是小手术，可稍有差错就会出现大问题，引发各种并发症和后遗症。所以，一定要在家长的陪伴下选择正规医院进行流产。3 分钟无痛人流的广告纯属无稽之谈，不要相信。

要尽早进行人工流产。如果怀孕三个月以上再进行人工流产，手术将更复杂，对身体的伤害也更大。

当然，人工流产手术也不是越早进行越好。一般认为，人流手术的最佳时间是在怀孕后 35 ~ 50 天。过早做人流手术可能因无法精准找到刚刚发育的胚胎，而造成手术失败。人工流产具体应该在何时进行，是选择药物流产还是选择手术流产，要根据医生的诊断决定。可以肯定的是，发现怀孕后尽早就诊，是最明智的选择。

如果选择药物流产，一定要在医院进行，不可以自行购买药物进行药物流产。因为在你服药后，医生要观察你的反应，并且要检查流出胚胎的完整性。一旦发现流出胚胎不完整，要马上进行刮宫手术。否则，容易出现大出血，危及生命。

人工流产后要精心调养身体。无论是手术流产，还是药物流产，都会对子宫内膜造成一定程度的损伤。流产后，所有生殖器官需要大约 6 周的时间才能恢复到之前的状态。并且，流产对身体有消耗，流产后需要好好休养，避免剧烈运动。如果出现任何不适，马上到医院就诊。

流产后，由于激素的变化，很有可能出现情绪低落的情况，甚至可能产生自责、恐惧、焦虑等情绪，这时要及时和家人、朋友沟通，也可以在家长的帮助下寻求专业心理咨询师的帮助。

如何预防性传播疾病

我在前面讲过，在性行为中有可能感染性传播疾病。艾滋病、淋病、梅毒等都属于性传播疾病。那么，我们该如何保护自己，避免感染性传播疾病呢？

什么是性传播疾病

一般来讲，性传播疾病是指通过性行为传播的疾病，主要病变发生在生殖器部位。

性传播疾病可由细菌、病毒、寄生虫等引起。由细菌感染引起的性传播疾病有淋病等。由病毒感染引起的性传播疾病有生殖器疣、生殖器疱疹、艾滋病等。由寄生虫引起的性传播疾病有疥疮、滴虫病、阴虱病等。还有一些性传播疾病是由特殊微生物引起的，比如衣原体、支原体、梅毒螺旋体等。

性传播疾病的传播途径有哪些

一般来讲，性传播疾病的传播途径主要有不安全性行为传播、血液传播、母婴传播等。也有部分性传播疾病可通过公用物品或皮肤接触传播。比如，生殖器疱疹可能通过间接接触传播。因此，我们住酒店或使用公共卫生间时要十分注意，以避免不安全接触导致的感染。具体来讲，要注意以下几点。

1. 一般不要使用酒店的毛巾擦拭外生殖器官。

2. 睡在酒店的床上时要穿好内裤。

3. 使用公共马桶时，要注意马桶是否潮湿，干燥的马桶通常更安全、卫生。

接下来，我以预防艾滋病为例，讲解一下如何避免感染性传播疾病。

关于艾滋病的重要基础知识

艾滋病是由人类免疫缺陷病毒，也就是艾滋病病毒引起的性传播疾病。我们通常用艾滋病病毒的英文简称“HIV”来称呼它。艾滋病病毒对人体的主要影响是会破坏人体的免疫系统，从而使人体抵抗各种疾病的能力下降。从感染艾滋病病毒到真正发病，通常要经历相当长一段时间。

艾滋病病毒感染者和艾滋病病人是两回事。艾滋病病毒感染者指的是体内存在艾滋病病毒但没有症状的人。而体内的艾滋病病毒已经导致相关临床症状的人才算艾滋病病人。

根据临床症状，艾滋病可分为急性感染期、无症状潜伏期、艾滋病期三个时期。在感染初期，也就是急性感染期，感染者会有一些类似流感的症状，但并不是每个感染者都会出现症状，有的感染者完全没有任何症状。急性感染期之后，艾滋病病毒感染者会进入持续时间相当长的无症状潜伏期，这个时期少则 4 ~ 5 年，多则 10 年以上。在无症状潜伏期，艾滋病病毒感染者可能看起来没有任何异常。

人体免疫系统的作用是保护人体不受病原体的侵袭，而艾滋病病毒会破坏人体的免疫系统。艾滋病病毒感染者一旦发病，即进入临床艾滋病期，一般会出现一系列症状。

如果病原体侵袭艾滋病病人的大脑，会造成认知功能障碍，使艾滋病病人的社会功能受到影响，比如不能正常工作、学习、社交，没有办法与人沟通等。艾滋病病毒还会导致病人患肿瘤相关疾病的机会增加，常见的有淋巴瘤、直肠癌、肺癌等。

艾滋病病毒感染者和艾滋病病人不仅在身体上会遭遇病痛，还得承受巨大的心理压力。

艾滋病病毒的感染还可能对家庭造成很大的影响，如何与家人沟通、未来走入亲密关系时如何与伴侣沟通、是否要生育等都是需要考虑的问题。这一系列的问题，再加上可能存在的歧视，有可能引发焦虑、抑郁等心理问题。

目前，艾滋病没有可以预防的疫苗，也不能彻底治愈。

可见，在日常生活中，我们一定要保护好自己。那么，如何才能避免感染艾滋病病毒呢?

如何避免感染艾滋病病毒

想避免感染艾滋病病毒，我们先要弄清楚艾滋病病毒是如何传播的。这一点，我在前面已经讲过了。

其实，艾滋病病毒的传播并不容易，它基本上是通过体液传播的。一般来讲，艾滋病病毒的传播要满足以下 4 个条件。

1. 有病毒从感染者体内排出。也就是说，要有艾滋病病毒感染者或艾滋病病人排出病毒，病毒不会凭空产生。

2. 病毒必须处于存活的状态才能传播。艾滋病病毒虽然能在人体内肆虐，但离开人体后是很脆弱的，一旦离开人体很难生存。

3. 病毒要经过一定的途径才能传播。比如，我前面讲的那三种传播途径。

4. 病毒量足够多才能导致传染。如果病毒量很少，是不会造成传染的。比如，一只蚊子叮咬了艾滋病病毒感染者，再去叮咬另外一个健康的人，是不会导致传染的，因为病毒量不够。

所以，在日常接触中，我们一般不用担心感染艾滋病病毒。科学证明，艾滋病病毒不会通过餐具、衣服、被褥、电话、毛巾、浴巾、货币等传播，也不会通过游泳池和公共浴池传播。与艾滋病病毒感染者进行日常接触和交流一般不会感染艾滋病病毒。

在了解了这些知识之后，我们就知道怎么预防艾滋病了。比如，在性行为过程中，务必戴好安全套。

同时，我们要注意，吸食毒品会增加感染艾滋病病毒的风险，一定要拒绝毒品。现在有些新型毒品无色无味，并且常被人制作成食品。所以，对入口的东西而言，一定要注意以下几点：不接受陌生人给的食物，外出就餐尤其是晚上尽量点有瓶盖密封的饮料，等等。

如何看待色情制品

你听说过色情制品吗？你知道什么是色情制品吗？

所谓色情制品，指的是成年人制作给成年人看的，描绘性行为过程或人体隐私部位的书刊、影片、图片等。其目的是唤起人的性欲。有关人体生理结构、医学知识的科学作品不是色情制品。包括适量色情内容的有社会、历史、艺术价值的文学、艺术作品不是色情制品。

进入青春期之后，由于对性知识的好奇，很多青少年会通过各种渠道尤其是网络搜寻和性相关的信息，由此有可能接触到色情制品。

无论你是意外看到了色情制品，还是有意地看到了色情制品，都不要过于苛责自己。重要的是，你要明白色情制品为什么会存在，它对我们的影响到底有哪些。

关于色情制品，你有必要了解以下一些常识。

第一，如果你想获得科学的性知识，看色情制品并不是一个好的选择，因为色情制品里面存在大量错误的信息。如果你想了解科学的性知识，可以阅读专业的书籍或者学习专业的课程。

第二，色情制品是以赚钱为目的的，是某些人专门制作给成年人看的，但并不是所有成年人都会看。

第三，色情制品里面的内容都是演员演出来的，不是真实的。所以，色情制品里面的行为在现实生活中一般是不会发生的。现实生活中，相爱的两个人是在互相尊重的前提下发生性行为的，而且性行为是美好的、温柔的。

第四，制作和传播色情制品在我国是违法的。

第五，色情制品有可能引发身体焦虑。随着身体的发育，你可能会对自己外生殖器官的形态十分关注。比如，男孩可能会担心自己的阴茎不够大，女孩可能会怀疑自己的外阴不正常。因为在日常生活中没有可以参照的标准，有些人就会把色情制品中演员的相关部位当作参照标准。其实，色情制品中的信息并不真实。在现实世界中，人们的外生殖器官差异不大，千万不要盲目相信色情制品中的信息。

如何在网络环境中保护好自己

正在看这本书的你，也许从很小的时候起就开始接触网络了，并且能够熟练地使用网络。网络给我们的生活和学习带来了很多便利。比如，你可以通过网络查阅来自世界各地的信息，了解最新的资讯，解决自己的困惑，和亲人、朋友实时沟通，等等。

然而，网络在给我们带来便利的同时，也带来了一些风险。那么，网络会给青少年带来哪些风险，青少年如何才能在网络环境中保护好自己呢?

在这里，我要介绍几种与青少年关联较大的网络风险。

一、以盈利为目的的虚假广告。比如，与私处整形相关的手术和药物，自慰戒断训练营，3 分钟无痛人流，青少年可以使用的性玩具，等等。这些广告的目的是通过错误的信息误导青少年花钱购买“服务”“药物”“工具”等。

二、有些心怀不轨的人会诱导青少年在网络上进行网络性爱，或是在线上平台（比如直播软件）用金钱引诱青少年拍摄裸照或裸露视频。这些人往往会告诉青少年:“你又没有露脸，不会有人知道。你什么也不用干就能拿钱，有什么不好呢？”

三、有些人会通过网络交友、网恋等形式获取青少年的个人信息，并且诱骗青少年线下见面，以骗财骗色。

四、网络软色情。比如，有些人通过极具吸引力的图片吸引青少年下载或购买各种网络服务或产品。

那么，面对这些随时可能出现的网络风险，我们应该如何应对呢？

对于上述第一种风险，这明显是无良商家通过我们可能因此产生的焦虑来贩卖“产品”。我们只要具备科学的性知识，就不会被无良商家这种贩卖焦虑的伎俩所欺骗。如果这些虚假广告涉及你不了解的知识，请一定通过科学的渠道来求解，比如可以询问家长或者老师。

在这里，针对几种常见的虚假广告，我进行一些澄清。

私处整形相关手术和药物之类的广告

这类广告往往会告诉男孩：阴茎弯曲是有问题的，需要治疗；如果阴茎看上去太小，可以通过药物或手术增大阴茎；等等。

事实上，大多数男性的阴茎都有生理弯曲，尤其在勃起之后，这是一个正常的现象。即使真的存在问题，比如阴茎弯曲超过30度，也应该到专业的医院求助，而不是相信小广告。

对于阴茎的大小，我前面也讲过，个体差异并不大。而且，阴茎的大小和生育能力及性能力没有正相关关系。最重要的是，使用药物和手术不仅很难达到增大阴茎的效果，反而很可能对身体造成创伤。

自慰戒断训练营之类的广告

这类广告会宣扬这样的信息：自慰是不道德的，会给身体造成巨大的损伤，会掏空人的身体，会让生活变得一团糟。

事实上，适度地用安全的方式自慰并不会对身体造成负面影响，这些所谓的训练营广告宣传的关于自慰的负面信息反倒会让人产生巨大的心理压力。

3 分钟无痛人流之类的广告

这些广告会告诉你，商家的人流手术完全无痛，3 分钟就能搞定，并且流产完马上能够上班、上学。

事实上，人工流产手术是专业的手术，需要谨慎的术前准备和细致的手术流程，3 分钟之内是绝对完成不了的。人工流产手术可以进行麻醉，患者在麻醉之后是无痛的，但是在麻醉药药效过后会有些不适。流产之后，病人需要休息。身体恢复需要时间，流产之后马上上班、上学是不现实的，也是对健康不负责任的。

青少年可以使用的性用具的广告

这些广告会告诉你：商家的玩具很酷，可以给你前所未有的体验；你可以自己使用，也可以当礼物送给同学；这些玩具价格便宜；等等。

事实上，性用具是给成年人使用的，不是针对青少年设计的，所以并不适合青少年使用。有研究显示，在刚开始体验性感受的过程中使用性玩具，对于性感受的探索和未来在亲密关系中的性行为而言是十分不利的。

同时，很多性用具存在严重的质量问题，容易造成感染。把性用具当作礼物送给别人，也是不可取的，因为并不是所有人都喜欢收到性用具，有些人收到性用具可能会觉得很不舒服。

现在，我们来看第二种风险——网络性爱，也就是关于“文爱”“嗑炮”和拍裸照的风险。

“文爱”和“嗑炮”都是网络性爱的方式，具体指通过互联网，使用文字、语音、图片、视频等进行关于性的挑逗，唤起性的感受和幻想，并且通过自慰来获得性满足。“文爱”更多指的是用文字的形式，“嗑炮”更多指的是用语音的形式。

有些青少年出于性欲望和性好奇，会和其他人进行网络性爱，但要注意其中存在很大的风险。

在网络上，我们经常看到一些被泄露的聊天记录和视频截图。网络上的信息无法被彻底清除。有些信息，即使你删除了，也有可能被其他人传播。而且，这些都有可能成为别人威胁、勒索你的工具。你可能觉得自己没有露脸就没问题，但是在网络上通过一些技术去获取一个人的信息并不是一件很难的事情。网络上的信息是不可能绝对保密的，这个风险一定要清楚。

有些青少年希望通过拍裸照的方式获得金钱收益，但这是不可取的。通过性来赚钱很有可能让自己处于被欺压的状态，并且可能给自己带来负面的、不舒服的感受。同时，其中也有泄露隐私和被人威胁的风险。

所以，在使用网络时，一定要保护好自己的隐私，不要轻易泄露自己的真实信息，如姓名、学校、住址等，更要尽量避免暴露自己的隐私部位。另外，使用网络时一定不要触犯法律。公开传播他人的隐私信息或者利用他人的隐私信息胁迫、敲诈、勒索对方，不仅是不道德的，而且是违法的。如果遭遇此类威胁，一定要向父母求助。

对于网络性侵，重要的是我们要时刻警惕这种风险的存在。在网络上交友时要十分小心，在对方要求线下见面时，更要充分考虑可能存在的风险。

最后说说软色情信息。软色情信息在我们的生活中比色情信息更加常见，重要的是我们要搞明白软色情信息背后的含义。

比如，在网络游戏中看到打扮十分性感的角色时，我们要思考一下为什么游戏中会有这样的角色。很多时候，游戏设计方是想通过这样的角色吸引玩家的关注，从而带来更多经济收益。

尾　声

到这里，这本书就要结束了。我希望本书内容可以帮助你了解自己，了解青春期。

青春期既美好也艰难。

我相信，拥有本书所介绍的知识的你，将有足够的智慧应对各种困难。当然，如果还有无法解决的困惑和问题，请一定向家长、老师求助。

最后，祝大家都能拥有难忘的青春期，以及精彩的人生。